目的志向

ファクターUがあなたと会社を変える

加藤　元
Kato Hajime

SOGO HOREI PUBLISHING CO., LTD

はじめに

出張のため名古屋発―東京行きの新幹線に乗り込むと、ネクタイ・スーツ姿のビジネスパーソンが車内の座席の大半を占めていた。平日の朝に見られる新幹線車内のありふれた光景である。

そこでは新聞を広げてヘッドラインをつまみ読みしている人、携帯電話の着信メールを確認している人、ぐっすりと眠り込んでいる人とさまざまである。彼らの頭の中にはいろいろな思いや考えが巡っていることと思われる。

しかしよもや、彼らの中に、自分がどこに向かっているのか分からずにこの電車に乗ってしまった人はいないであろう。また、行き先を決めないまま乗車券を買ってしまった人もいないであろう。

もし、人々が行き先の分からない電車にぼんやり乗ってしまったり、行き先に頓着せずにでたらめに乗車券を買ってしまうとしたら、とても奇妙に感じられるのではないだろうか。しかし、このようなことが、会社という組織の中では、しばしば起こっているのである。

私がこの本を書こうと決めたのは、私自身が会社員として会社に身を置き、働きながら周りを見回したときに、会社組織やそこで働く人々のあり方について、首を傾げることが多くなったことがきっかけである。

会社を眺めた時に、会社にとって極めて重要でその根幹に関わることが、あまりにも社員に認識されずに日々業務だけが進められる様子を見て「これはどうか?」と思い、会社組織や社員のあり方、そして「会社の目的」についての考えをまとめようと思ったのである。

私の抱いたこのぼんやりとした疑問は、さまざまな情報を集め、考えを重ねる中で、思った以上に大きな根っこに繋がっていることに気がついた。

それは一社員の不安や不満に留まらず、多くの社員が共通して抱えているものであり、全ての会社が直面している課題であると分かったのである。それは会社の方向性や社員の動機に関わる問題であり、独創的な解決策が求められていると気づいたのである。

一社員、一エンジニアである私には、残念ながら会社の方向性に関わる十分な権限や機会は与えられていない。それであるから、本書を通して、私の考えや理論を伝えることで、この問題に関わろうと考えたのである。

読者の大半がそうであるように私も会社員として、一つの会社という組織をじっくり内

●はじめに

側から凝視する機会があった。この視点は企業を外側から観察することの多い経営学者・ビジネスコンサルタント・経済評論家などとは異なった視点である。

さまざまな事柄を外側から眺め、客観的に広い情報を集めることで事実を明らかにし、問題の答えを見い出すことがある。しかし一方で、一つのケースを内側からじっくりと凝視し、考えを重ねることで真実を発掘することもある。

私は会社組織の中で、人の内にある目的意識の有無を、その言動を通して感じ取ることができた。そして、そのような目的意識を持つ人が周囲の人々や会社に及ぼす影響をつぶさに見ることができた。

正しい目的志向を持つことが、いかに大きな価値を生み出すかを本書では伝えることになる。

目的は「北極星」にたとえることができる。これは北極星が、かつて船乗りや旅人に進むべき方角を示す不動の道標であったからである。

しかし私は、目的とは単に方角を示すものではなく、私たちにエネルギーや力をもたらすものであると理解するようになった。そのような意味で、目的は「太陽」にたとえることもできる。実際、正しい目的によって多くの人々にエネルギーや力がもたらされるのを、私はこの目で見てきた。

本書では、第1章・第2章で「会社の必要性」また「会社の目的とは何であるか」について述べ、第3章以降では「会社の目的から得られるエネルギーを、どのようにしたら、我々や会社は活用することができるか」について述べる。

人や会社にとって、方向性の欠如と同様に、エネルギーの不足は深刻な問題である。会社は人々の福利に貢献する力や可能性を持つ一方で、さまざまな問題やリスクを抱えている。これらの問題やリスクは明らかに方向性の欠如のみならずエネルギーの不足が原因している。現在の経営学や組織論といった学問は、残念ながら会社の抱える問題に対して十分な解決策を提供できていない。

ここで述べるエネルギーとは、「やる気」「意欲」「情熱」「喜び」である。これらは「感情」に関わる領域であり、組織のフレームや会社の外部環境を論じただけでは変えることができないものである。

本書では「このようなエネルギーの不足をどのように解決するか」という問いに対して「ファクターU」という答えを提案している。このファクターUに関する理論は、これまでの会社経営の考え方に光を投じるものと確信している。また会社に属する人々が、このファクターUに着目し改善をはかるならば、喜びを享受し、会社に活力をもたらすことができると信じている。

●はじめに

ファクターUとは、言うなれば「真理・事実についての深い理解」または「それら理解の度合」を表す言葉である。

混沌とした世の中にあって、事実に目を向け真理を理解すること、すなわちファクターUを高めることは、いかにも重要であるが、残念ながら会社において、ファクターUは十分に活用され、高められているとは言いがたい状態である。

一方、ファクターUは会社以外の組織で知らず知らずのうちによく使われている。会社以外の組織とは「家庭」「ボランティア団体」「趣味のサークル」「宗教団体」などである。人々はそれらの組織ではイキイキとさまざまなことをするのであるが、会社という組織に入ると義務感やプレッシャーによって活力を失い、身をやつしてしまうのである。

目的という太陽を、自分から遠くかけ離れたところに存在する無縁の恒星と考え、その光を拒むこともできる。一方で、その光をあなたの内に取り入れ、その恩恵に与ることもできる。ファクターUについて学ぶことは、まさにその光をあなたの内に取り入れることになるのである。

現在、私たちはかつてないほど、膨大な情報に取り囲まれて暮らしている。しかし、そのような情報の海の中にあって私たちの多くが渇きを覚え、その渇きを癒すことができないのは皮肉なことである。

私たちの周りには有益な情報を提供してくれる人々や情報源がありながらも、それらが与えてくれる情報は必ずしも私たちにとって受け入れやすいものではない。

しかし、私たちは価値ある助言や忠告を煩わしく思う一方で、私たちの内から込み上げてくる打ち消しがたい思いがあることも事実なのである。その思いとは「答えがほしい」というものではないだろうか。

そのように答えを求めている人々にとって、本書が何らかの助けとなればと願っている。是非とも、ここにある知恵の言葉を拾い集めてもらいたい。そのときには少し身をかがめる必要があるかもしれない。

目的志向

ファクターUがあなたと会社を変える

◆目次◆

第3章　ファクターU

第4章　ファクターUが社員と会社に与える影響

第5章　Uを高めるI「Uと感情と行動」

第6章　Uを高めるⅡ「感情を動かす」

第7章　自らレールを敷く

第8章　Uを会社の中心に置く

第9章　真理を礎としたピラミッドを築く

おわりに

装丁：Izumiya（岩泉卓屋）
本文組版・図表：横内俊彦
本文イラスト：土屋和泉

第1章　会社の目的の必要性

「会社の目的」がリスクと痛みを取り除く

「会社の目的について考えてみよう」

こんなフレーズで語り始めると、即座に本書を閉じてしまうような読者もいるかもしれない。

ただ、ちょっと待ってほしい。

確かに「会社の目的」というテーマはキャッチーでないことはよく分かっている。そういったテーマは経営者や経営コンサルタントなどが論じるテーマで、「一社員である自分には関係ない」と思われた人がいたとしても仕方がない。

そのような人は、もっと興味をそそられる身近で実践的なテーマを欲しているのではないだろうか。

しかし、本書が伝えようとする内容を理解するとき、このテーマが全ての人にとって身近で実践的なものであることが分かるに違いない。そしてあなたが日々直面するさまざまな問題に対する答えを、本書から見い出すはずである。

ところで、あなたは会社員だろうか。
その答えが「イエス」であれば、あなたは私同様、全労働者の70％に該当する人々である。日本ではこのように労働者の大多数が会社で働いている。本書はまさにあなたのために書かれたものである。
別にその答えが「ノー」であっても構わない。本書に書かれている原則は、いかなる組織についても応用できるからである。「会社」というのは象徴に過ぎない。

ここで少し興味深い調査結果を紹介しよう。これは財団法人日本生産性本部が行った日本の新入社員２４００人を対象としたアンケート結果（２００９年度実施）である。

「あなたは上司から、会社のためになるが、自分の良心に反する手段で仕事を進めるように指示された際、指示通り行動しますか？」という質問に対し、
・「はい」と答えた人……………全体の40・6％（調査開始以来3年間で過去最高）
・「わからない」と答えた人………全体の47・7％

この調査結果は何を表しているのか。また、あなたは何を感じただろうか。

このアンケート結果は、新入社員が入社するとき、これまで培ってきた貴い良心を容易にかなぐり捨ててしまう危険性があることを示している。

ではもう一つ興味深い調査結果を紹介しよう。これは厚生労働省が報告した約1800０人の労働者を対象とした、２００８年度の「仕事のストレスに関する調査結果」である。

「自分の仕事や職場生活に関して強い不安・悩み・ストレスがある」と答えている労働者の割合…………58％

もしあなたが職場で働くときに強いストレスを感じているとしても、決してあなたは少数派ではない。多くの人々が職場で強いストレスを感じているのである。職場は働く人が人生の大半を過ごす場所であるにも関わらず、ストレスに満ちた場所なのである。

人は会社に身を置くとき、これまで自分が大切にしてきた良心や価値観を犠牲にするというリスクに直面する。そして、会社に長年に渡って身を置く中で、知らず知らずの内に自身の価値観を歪められ、痛みを抱えるようになる。

これらの「リスク」や「痛み」に対処するために何ができるだろうか。よく考えてほしい。

もし私たちが本気でこのような「リスク」と「痛み」に対処しようとするならば、小手先で対処するのではなく、**自分自身の中に「会社の目的」を中心とした「価値観」を構築する必要がある**ことに気づくはずである。

私たちの言動というものは、結局のところ私たちの価値観がその基礎となっている。ある人の価値観がぼんやりしたものであれば、その人の言動や行く末は不安定なものとなる。「会社の目的」を明らかにし理解することは、私たちが会社で遭遇するさまざまな問題の答えを見つけることに繋がる。そして、その答えに従って行動することは、私たちに喜びをもたらし、会社に利益をもたらすことになるのである。

「収益偏重」という問題

「会社は、ぼくに巧妙な嘘をつくことを、教え込もうとしている」

私が大学生の頃、私より一足先に証券会社に入社した友達がよく嘆いていた。当時の私はあまり実感が湧かず、その話を聞き流していた。

しかし、先程の新入社員を対象としたアンケート結果を見て、彼が話していたことを思い出した。会社は社員に対して、その良心を曲げるほどの強い影響力を持っているのである。

私たちは働くとき、私たちの良心を揺さぶられるような経験をすることがある。そのようなとき、あなたはどのように答えを見い出し、行動を決めているだろうか。一度、次のような3つのケースにあなた自身を置いて考えてもらいたい。あなただったらどのように行動するだろうか。


〈ケース1〉

あなたは優秀な若いビジネスパーソンである。上司からも特別な期待を寄せられており、重要な顧客を任せられている。

しかし、あなたが最近作成した顧客向けの報告書に対して、上司は一部虚偽を記載するよう強く要求している。その虚偽の内容は、顧客が多大な損失を被る可能性を隠蔽《いんぺい》するものので、あなたの会社にとっては巨額の利益を確保するものである。

この取引を成立させるためには「一部の事実を伏せることは避けられない」と、あなた自身も感じている。

あなたならどうするだろうか。

〈ケース２〉

あなたは30代の独身者である。３年間失業していたが、先月ようやく食品会社に就職することができた。

しかし配属された食品工場で、納品遅れの製品の消費期限表示が日常的に書き換えられている不正を知ってしまった。

このような事実が公になれば、中小企業であるその会社は信用を失い、やがて倒産することは間違いない。あなたも再び失業することになる。

あなたならどうするだろうか。

〈ケース３〉

あなたは家電メーカーで働く技術者である。

あなたが数年前に設計し、世に送り出したヒット商品「スチームレスアイロン」に大きな欠陥があることに気がついた。その欠陥とは加熱部が過剰に高温になるというもので、それにより火災が起こる可能性も否定できない。

ただ、火災が発生する確率は極めて低く、まだ火災事故は起こっていない。不良品に対する個別の苦情に対応するだけであれば、収益を大きく損なうことはない。一方、製品の欠陥を認めて製品回収となれば会社が傾くほどの損害となる。
あなたならどうするだろうか。

これらのケースは強いストレスとジレンマをあなたに与える。「会社の収益」と「自分自身の利益や保身」というベクトルはぴったりと同じ方向に向いているが、「良心」というベクトルは逆方向を指している。

このようなケースに直面するとき、
「判断の基準は何か」
「どこに解決を見い出したらよいのか」
「『会社や自分自身の利益』と『顧客の福利』を分ける境界線をどこに引くべきか」

これらの質問に対する答えは容易ではない。しかし、その選択をすることは避けられない。

個々の社員が抱えるこのようなジレンマは、企業の引き起こす問題の予兆とも言える。実に企業はさまざまな問題を抱えている。マスメディアが報じる企業の不祥事や事件を見聞きするときに、それらを知ることができる。

「脱税」「不正経理」「商品偽装」「談合」「賄賂」「カルテル」「過剰労働」「公害」「派遣切

り」「詐欺」「過労死」「欠陥製品事故」「労働災害」など、これらの問題は企業に損害を与えるだけでなく、その企業の従業員・顧客・取引先などにも大きな被害をもたらす。

●収益偏重はリスクを生み出す

これら企業が引き起こす多くの問題は一見散在したもののように思われる。しかし、実は共通の根っこに繋がったものである。それら問題の根底には、「収益偏重」という利益に対する強い執着が横たわっている。

収益偏重は「モラルに対するリスク」を生み出す原因となる。企業の生命は収益により保たれるが、収益のみに固執することは企業の生命を奪いかねない。

このような企業の収益偏重の姿勢は、「企業風土」となって社員に強い影響を及ぼしている。日本のように終身雇用制が広く採用されている社会において、社員の大半は自身の属する会社に対して強い依存心を持っている。

現に会社は、社員の人生を繋ぎ止める命綱のような役割を担っている。人々は会社から支払われる給料によって家庭を築き、家や車を買い、子供を養い、旅行やレジャーをし、老後に備えている。私たちが会社なくして人生設計など成り立たないと考えるのも無理もないことである。

そのような会社への強い依存心は、社員を会社に影響される「客体」に変えてしてしまう。しかし、かつて会社を興した創業者たちは会社に対して「主体」として働いたはずである。

私たちがもし会社の僕《しもべ》に甘んじるならば、収益偏重による会社の問題を正すことはできない。

では、どうしたら会社の主《あるじ》になることができるのだろうか。

CEOになる必要はない。ただ「会社の目的」についての答えを持ち、理不尽な要求に「ノー」と答える勇気を持てばよいのである。

「会社の中心に自分を置き、自分の中心に会社を置かない」という姿勢を持つことができれば、会社に影響を与える主体となることができる。**「会社の中心に自分を置く」とは、会社の活動の根幹である企業理念の構築に自らが関わり、そこにしっかりと立つことである。そして「自分の中心に会社を置かない」とは、会社が与える役職や給与などの外形的価値を自分の価値観の中心に置かないということである。**

このような会社における収益偏重の問題は、会社の目的について正しい答えを持つことで解決できるのである。

「官僚化」という問題

会社が成長し、社員数が増え、肥大化する時、かつては動きのよい活気に満ちていた独創的な会社が動きの鈍い官僚的な会社に変わってしまうことがある。

そのような会社では多くの職務階層が存在し中間手続が増え、価値ある決裁が遅れるか為されなくなるため、会社の動きは鈍くなり、競争力を失ってしまう。

そこでは社員の仕事は抽象化し、自分の仕事が何のためのものか分からない社員が増えていく。そして社員は抽象的で安易な業務に、多くの時間を費やすようになる。

さらに、そのような会社では社員に対する評価が不明瞭になり、人事評価制度自体が無意味化し、成果を上げる有能な社員の士気を減退させてしまう。

ＧＥ（ゼネラル・エレクトリック社）のカリスマ的な元ＣＥＯジャック・ウェルチはＧＥという巨大企業の中にあって、官僚主義と真っ向から組み合ったＣＥＯであった。彼が官僚主義と戦いはじめたのは、彼がＣＥＯになるずっと以前のことである。

彼がＧＥに入社して間もない頃、ＧＥに対し強い不満と憤りを抱き、会社を辞めようとしたことがあった。そのきっかけとなったのは、会社が彼に対して与えた「標準的」な1000ドルの昇給額であった。

官僚的な人々にとってはのっぺらな人事評価や処遇は何ら気にならないものかもしれないが、ウェルチのように成長意欲が強く、成果を上げていた社員にとっては大変苛立たしく、不公平なものに感じたに違いない。その時、会社を辞めると上司バート・コプランに申し出たウェルチは彼にとって大きな人生の岐路に立っていた。

そのようなウェルチを引き止め、GEに留まるように説得したのは直属の上司のコプランではなく、エグゼクティブのルーベン・ガトフであった。ウェルチの価値を高く評価し、GEの官僚主義に対する不満を共有していたガトフはウェルチ夫妻をレストランに招き、夕食を取りながら4時間あまりに渡って説得し、夕食を終え別れた後も公衆電話から、彼の自宅に電話をし、眠っていたウェルチを起こしてGEに留まるよう説得を試みたのである。

結果的にウェルチは考え直し、GEに留まることを決意した。その後、彼はGEで優れたリーダーシップを発揮し、やがてCEOとして会社に大きく貢献することになるのである。

このように若き日のジャック・ウェルチにとっても、官僚主義はその意欲を挫く手強い相手であったようである。会社における官僚化は時として伝染病のように広がり、ジャック・ウェルチのような有能で意欲的な人々をも蝕《むしば》んでしまう危険性を孕《はら》んでいる。

英国の政治学者シリル・ノースコート・パーキンソンは英国の官僚制を幅広く観察し、「パーキンソンの法則」という考えを提唱した。

パーキンソンの法則とは、**「仕事の量は完成のために与えられた時間を全て満たすまで膨張する」**というものである。もう少し分かりやすい表現として、パーキンソンは**「役人は相互に仕事を作り合う」**とも言っている。

この法則は官僚化の忌むべき一体質を表している。官僚化した組織では、仕事は増えるが、実質的な成果は上がらないため収益性は極端に悪化する。

最もそれを表す事例は日本の財政赤字であろう。２０１１年現在、日本の財政赤字は１０００兆円を越しており、気の遠くなる数字となっている。この問題を直視すべき政治家や官僚たちは、残念ながらこの問題について具体的な解決策を提示できていない。これは甚だナンセンスな状態である。このような状態は、業務が抽象化し採算意識が失われた結果である。

会社がもしこのような状態に陥れば、とっくに倒産している。企業は官僚化を防止しなくてはいけない。官僚化は企業の推進力や旋回性を奪い、企業を慣性的な組織に変えてしまうのである。

大企業において成果につながらない仕事が膨らみ続けるならば、大きく膨らんだ風船が破裂してしまうか萎んでしまうように、やがて破綻するか衰退してしまう。

企業を見るときには株価や売上といった外に表れる数値に捉われすぎて、企業の中身を見落としてしまうことがある。優良な大企業と見られている会社が、実のところ大きく膨らんだ、中身が空っぽな風船のような企業である場合もあり得る。

フォーチュン500といった世界で最も売上の大きい500社ランキングに名を連ねる大企業の中にも、ひょっとしたら風船のようにいたずらに膨らんでしまった企業が存在しているかもしれない。

さてところで、2010年度そのようなフォーチュン500のトップになり得た企業とは一体どんな企業だろうか。石油関連企業であろうか、自動車メーカーであろうか、それとも金融証券関連企業であろうか。

答えは小売業の「ウォルマート」である。意外に思った人もいるのではないだろうか。小売業はフォーチュン500の上位では珍しく、トップ10の中ではウォルマートだけであり、際立っている。

ウォルマートが現在このような世界Ｎｏ．１の企業になり得た理由の一つには、ウォルマートの創業者サム・ウォルトンの功績によるところが大きい。彼が築いた経営哲学や経営手法は、現在もウォルマートに生命力をもたらしている。

サム・ウォルトンは物事をわきまえた商売人で、社員と顧客を尊重する優れた経営者であった。１９６２年にウォルマートの1号店を開いてから現在に至るまで、ウォルマートは関連店舗数が３０００店以上に達し、その売上は年間４０００億ドル以上、収益は１００億ドル以上にもなっている。

サム・ウォルトンはウォルマートが大きく成長する過程で、ウォルマートを将来脅かすものは競合他社などの社外要因ではなく、社内に生じる「大企業病」であると警戒していた。

私たちにとって、小さく考えることは一種の生き方であり、ほとんど強迫観念になっている。また、この考え方は他の業種でも有益だと思う。会社が大規模になればなるほど、その必要性はますます切迫してくるだろう。現在のわが社ほどの規模になると、制度化や規格化を行って、中央集権的チェーン企業らしく運営しろという圧力が方々からかかってくる。そうしたシステムには創造性や、かつての私のような一匹狼的商人が入る余地も、また、起業家や商略屋が入る余地もない。私はそうした会社で働きたくはないし、ウォルマートがそうなることを毎日心配している。当然、サプライヤー（商品納入業者）はわが社がそうなれば喜ぶだろう。彼らの仕事が楽になるのはたしかだからだ。もし、自分は「大企業病」に対する免疫があると思っている者がわが社にいるなら、即刻、荷物をまとめて去ってもらいたい。それこそ、私がいつも恐れていることだ。（「私のウォルマート商法―すべて小さく考えよ」講談社、サム・ウォルトン著、渥美俊一、桜井多恵子監訳）

サム・ウォルトンの述べる「大企業病」こそが、これまで述べてきた大企業の官僚化である。現在、世界最大規模に成長したウォルマートも、サム・ウォルトンが懸念した大企業病を患っていることが時折報道されている。サム・ウォルトンが警戒した「大企業病」は、まさに現在のウォルマートが直面する最大の敵なのである。

マクドナルド・コーポレーションの創業者レイ・クロックも、この大企業病への懸念を表す言葉を残している。

未熟でいるうちは成長できる。成熟した途端、腐敗が始まる

かつて、アメリカの社会学者ロバート・キング・マートンらは、次のように官僚制のマイナス面を挙げている。これは官僚化した企業においてもはっきり見られる悪い特徴である。

・**規則万能**……規則に無いことは出来ない。よくない規則でも盲従する
・**責任回避・自己保身**……責任を負うことを避け、自身の立場を守ろうとする
・**秘密主義**……情報を開示したがらない。都合の悪い情報を隠蔽する
・**画一的傾向**……多様な考えや取組を退ける
・**前例主義による保守的傾向**……前例のないことは良いことであってもやらない
・**権威主義的傾向**……サービスの対象者に対する態度が横柄になる
・**繁文縟礼**《はんぶんじょくれい》……膨大な文書を作成し、書類の管理業務が膨れ上がる
・**セクショナリズム**……組織が縦割化し専門外の業務を避け、閉鎖的になる

これらに加えて、私たちが認識しているもう一つの特徴を付け加えておきたい。

・過剰な階層……………多くの階層が存在し封建的になり、決裁が遅れる

会社の中で知らず知らずのうちに官僚的になっている社員もいる。ひょっとしたら自分が官僚化していると自覚することもあるかもしれない。官僚化とはある特定の人々の問題ではなく、私たち全ての問題なのである。それは風邪やインフルエンザが全ての人々に及ぶのと同様である。

官僚化した社員は自分なりに与えられた仕事をきっちりこなしているつもりでいるが、実のところ、それらの仕事はあまり会社の益にはなっていない。

一度、次のようなチェックリストを使って、自身をチェックしてみるのもよいかもしれない。もしこのチェックリストに一つでもチェックが入るようならば要注意である。知らぬ間に官僚化に陥っているかもしれない。

【官僚化　チェックリスト】

- □ 現状の社内ルール・手続などに対して、非効率的だとか非合理的だとか思いながらも、変えようと試みることはほとんどない。
- □ 新しいことを業務に取り入れるのは、うまくいかなかったことを考えると気が進まない。
- □ 会議の席で、自分より役職の高い人が間違った意見を述べていて、それが深刻な問題となり得ると分かっていても、敢えて訂正したり、反論したりして、その対策を取ろうとすることはない。
- □ 社内向けの報告書や発表資料の作成に業務時間の大半を割いている。
- □ 仕事の負荷が少なく、高いポストについている上級管理職の人を見ると羨ましく思う。
- □ 上司から言われたことは、あまり納得できなくてもやるようにしている。

実のところ、このようなチェックリストよりも、もっと簡単に官僚化をチェックする方法がある。それは次のような質問を投げかければよいのである。

「今、あなたのやっている仕事は何のためにやっているのか?」

「何のため」、これこそが官僚的な人々に欠けているエッセンスである。抽象化された業務を行う官僚的な人々には「何のため」「なぜ」と言った「目的」を問う質問が最もこたえるのである。

そして、たいてい次のような答えが返ってくることだろう。

「これね。これはこの時期になると決まって報告するのが慣例なんだ」
「部長に聞いてくれよ。今さらこんなデータ集めてどうすると言うんだ」
「そんなことはよく分からない。前任者から先月引き継いだばかりだからね」
「そりゃ、来週の対策委員会に間に合わせるためさ」
「なぜかって、それは食べていくためだろう。これが仕事ってもんさ」

これらの答えから分かるように、**官僚的な人々は、本当の目的を理解していないのである**。それであるから、「なぜそのような業務をやっているのか」という質問にうまく答えられない。「答えられなくても、実はよく分かっているさ」と言う人もいるかもしれない。しかし、言葉で表すことができなければ十分に分かっていないと判断されても仕方がない。このような人々は冒頭で述べた行き先の分からない電車にぼんやりと乗り込んでしまうような人たちに似ている。

官僚化とは、会社において人々が正しい目的を持たない状態を表している。人が官僚化し目的なく働くときには、「喜び」がほとんど得られない。「安楽」は得られるかもしれない。しかし、安楽は喜びではない。安楽はむしろ「退屈」に近い言葉である。

哲学者ショーウペンハウアーは、**「人間の幸福の敵は、苦痛と退屈である」**と語った。官僚的な人々は「苦痛」という幸福の敵から逃れることはできても、「退屈」というもう一つの敵に捕らえられてしまうのである。

まさに官僚化とは「モラール（士気）に対するリスク」となり得るのである。

ゴールの無いサッカーフィールド

目的の無い組織はゴールの存在しないサッカーフィールドのようだ。

もし選手がゴールの無いサッカーフィールドに送られ、90分間サッカーの試合をするよう仕向けられたらどうなるだろうか、想像してみてほしい。

当然ゲームなど成り立たない。それどころか、選手は試合時間を持て余し、それぞれが思い思いのことをして時間を潰そうとすることだろう。

ある者は、いたずらにパスを回したり、リフティングしたり、ボールを遠くに蹴り飛ばしたりするかもしれない。ある者はフィールドに座り込んだり、寝転がったり、おしゃべりをするかもしれない。

いずれにせよ選手は緩慢に時間を過ごすことだろう。そのようなものは当然、観客がお金を払って観戦するには値せず、テレビ放映するには適さないものである。何ら感動も興奮も興味も湧かないのである。

選手らにしてみればそのような時間は「安楽」であることは間違いない。しかし、彼らは本当のサッカーの「喜び」を知ることができない。彼らには安楽と同時に「退屈」がもたらされ、時として無意味にそこにいることに後ろめたさすら感じることだろう。

会社というフィールドに、もしゴールが存在しなければそれと同じようなことが起こる。社員は時間を潰すためにさまざまな無意味な仕事をつくり、そこでさまざまな無駄なことをやり続ける。コスト観念は無くなり、生産性は失われる。

社員の集合体である「会社」は弱体化し、やがて世の中の変化の波に対応できず、転覆し沈没してしまう。会社において目的が失われるとき、確実にリスクは高まっていく。会社が活力を持って存続するためには、どうしても目的と、目的志向を持った社員が必要なのである。

では、サッカーフィールドに本来どおりゴールを与えてみよう。すると選手たちはどのようにプレーするだろうか。

きっと彼らは今までとは打って変わって戦略的に連携をとりながらボールを回し始め、ドリブルして相手をかわし、シュートを打ってゴールを決めようとする。ゴールの無かったフィールドとは全く違うことが起こるのである。

更に想像してみてほしい。ゴールネットを揺らす瞬間のためだけに半生をかけ、多くを犠牲し、修練してきたプロのサッカー選手を。彼はプレーヤーの中のプレーヤー、まさに最高峰のサッカープレイヤーである。

彼が一度ボールを奪うと、野獣のような気迫でゴールに向かい、チームメイトとアイコンタクトを交わし巧みにパスを出す。その直後に飛び出したかと思えば、敵の後ろでボールを受け取り、敵のディフェンスをかわしながら、一瞬の隙を捉えてシュートを打ち放つ。そしてボールはゴールネットに突き刺さるのである。

それらのプレーは芸術の域に達し、人々を魅了する。彼らは前もってシナリオを渡され、演技を準備してプレーするのではない。彼らをそのように駆り立てているものとはまさに「ゴール」なのである。

そのような卓越したサッカー選手を育てたのは誰なのだろうか。

それは彼の監督やコーチかもしれない。しかし、時として、選手は監督やコーチが教える領域をはるかに超えた存在となる。彼はそのような高い身体能力や技術や知恵を、どこで身につけたのだろうか。

それは「フィールド」で身につけたのである。フィールドに置かれた守るべきゴールと攻めるべきゴールの間で、彼らは経験により学んだのである。

彼らはゴールを睨《にら》みつけながら、どうしたらボールをそこに蹴りこむことができるのか。プレーしながら、またゲームの前にも後にも自問自答を繰り返してきたのである。ただ

「ゴールする」という強い意志が、彼らに高度な身体能力と技術と知恵をもたらしたのである。まさに「ゴール」が優れた選手を養い、高めたのである。

ゴールは有能な教師である。一度、人がゴールを自身の中に入れるとき、それはその人を全く異なる者に変えてしまう。

ゴールに対する渇望を自身に植え付けてしまえば、もはやその選手は誰かの奴隷や僕ではなくなる。事細かな指示や指導は必要なくなる。彼の両目は大きく開かれることになる。彼はもはや以前のようにナイーブではなくなり、大胆で自由な者となる。彼はゴールのために多くのものを自ら犠牲し、自らを高めていくのである。

目的が会社の繁栄と衰退を分かつ

会社が成長し繁栄を極めると、ある時点から勢いを失い衰退が始まる。そして最期は、倒産してしまうか、吸収合併されたり買収されたりする。特に大企業が倒産する時には、その社員をはじめ、社会や経済に与えるショックやダメージは大きなものである。

アリー・デ・グースの著書「企業生命力」(日経BP社、掘出一郎訳)によると、1970年フォーチュン500にリストアップされた多国籍企業のほぼ3分の1が、1983年には買収されるか、合併もしくは倒産し、リストから消えていることが報告されている。また、フォーチュン500クラスの多国籍企業の平均生存年数は、40年から50年の間であると報告されている。

どことなく会社の成長と衰退は、人の身体の成長と老化に似ている。人の身体が成長を遂げた後、老化して死を迎えるように、会社も成長・衰退・終焉というプロセスを辿るのである。

会社の一体何が老化するというのであろうか。会社も、人間の細胞の新旧が入れ替わるように、その中身は時間とともに変わっていく。経営陣や社員は入れ替わり、インフラも更新される。また主力商品やサービスなどの事業内容が変わることもある。そのような入れ替わりがあるにも関わらず、会社は人の身体のように老化してしまう。突然、会社は心臓発作などの機能不全を起こし倒れて死んでしまうこともある。

実際、１９９０年代以降に、日本国内のみならず巨大企業の倒産・衰退が幾度となく報道されている。日本においては、バブル経済の破綻により膨大な不良債権を抱えた長銀や山一證券の破綻、経営不振による日産自動車のルノーへの吸収合併、米国においては財務不祥事によるエンロンの破綻、サブプライム問題によるリーマンブラザーズの破綻、米国自動車産業の不振に代表されるゼネラルモーターズの破綻などが挙げられる。それらの出来事は、会社がいかに大きくても繁栄を極めても、滅び得るという事実を伝えている。

この事実は、会社にも人と同様に寿命があるかのような印象を与える。しかし、多くの会社の中にはいまだ変わらず、世界的な優良企業として２００年以上活躍している会社も現存している。

長きに渡って好業績を維持し続ける優れた会社は、いかにしてそのような業績を維持し続けることができたのだろうか。一体何が、その会社に生命力をもたらしているのだろうか。

これについては、これまでさまざま意見が交わされてきた。卓越した会社には、共通した何かがあると考えられてきたのである。優良企業の特質は多くの書籍や文献にも取り上げられており、さまざまな特質が挙げられている。それらの幾つかは共通性や関連性が見られるものの、幾つかはまちまちであり、散在しているようにも思われる。

このように優良企業の根源的な要因を一つに特定できない理由は、人々が「原因」と「現象」を混同してしまっているためである。「原因」と「現象」は相互に影響を及ぼし合っており、どちらが先かということ自体がはっきりしない場合が多く、鶏が先か卵が先かという議論になってしまうのである。それであるから、人々は優良企業の生み出す現象を、企業を卓越したものとする原因と勘違いしてしまう。

私はこれまで優良企業の特質についていろいろ調べてきた。その中で至言と言えるものとして、かつてIBMを世界的大企業に押し上げた元CEOトーマス・ワトソンJr.の言葉がある。このメッセージはこれまで多くの経営者に光を与え続けてきたものであり、きっとこれが会社を優良なものとする根源的な要因であると確信している。

会社の衰退あるいは没落の原因について、しばらく思いを巡らせてみよう。技術、嗜好の変化、流行の変化、いずれも原因の一部である。ところが、うまく繁栄する企業もあれば、同じ業界にありながら経営がゆらいだりつぶれたりする会社があるのも事実である。ふつう私たちはその違いを事業の競争力や市場の判断、その会社のリーダーシップの質などのせいにする。いずれも不可欠な要素であり、重要性は論ずるまでもない。しかし、私にはこれが本質的に決定的なものとは思えない。

会社の成功と失敗を分かつ本当の違いをたどっていくと、社員のすばらしい活力と才能をどれほどうまく組織が引き出すか、という問題に行きつくことがとても多いと私は思う。社員が一致団結する目的を見出すために会社が何をするか。多くの競争相手や競争相手との違いがあるなかで、会社はどうやって社員を正しい方向に保つのか。さらに、時代の変化とともに生じる多くの変化のなかで、どうすれば共通の目的と正しい方向感覚を維持できるのか。

これらの問題は会社に特有のものではない。政治組織であろうと宗教組織であろうと、すべての大きな組織に存在する。なんでもいいから、大きな組織を想像してみていただきたい。長年にわたって存続してきたものを。それは組織の活力のおかげではないだろうか。組織形態や経営管理能力ではなく、我々が「信条」と呼ぶものの力と、信条が組織の人々に訴える力のおかげであると。（「ＩＢＭを世界的企業にしたワトソンJr.の言葉」、英治出版、トーマス・ワトソンJr.著、朝尾直太訳、傍線筆者）

トーマス・ワトソンJr.が述べているように「信条」こそが会社の生命の源であり、その信条の中心には、人々が向かうべき「方向性」すなわち「目的」の概念が置かれている。もし「会社の目的」についての考え方が整理されずに、十分理解されていなかったとしたら、そのような信条を私たちの内に抱くことはできない。「目的」こそが、体系化された信条のキーストーンとして位置づけられ、理解されるべきものである。

好業績を維持し続ける会社は、さまざまな優れた特質を持ち合わせている。しかし、それらの特質の多くは、木にたとえるならば、葉っぱであったり、枝であったり、幹であったりするが、その「根っこ」ではない。その根っことは正しい目的を中心に据えた信条である。

信条は無形であり捉えづらいため、見過され軽視されることが多い。しかし、樹木に水や栄養を送るのが根であるように、また木全体を支えているのが根であるように、根は地中に隠れて見ることはできないものの、樹木を支える命の源なのである。

私たちは卓越した大企業を目の当たりにする時、大きく育った木を眺めるかのように見ている。きっとその大木は多くの枝を広く伸ばし、葉をふささと茂らせていることであろう。そしてその生い茂った葉で日の光をいっぱいに受け、広く伸びた多数の枝には豊かに実を結ばせていることであろう。

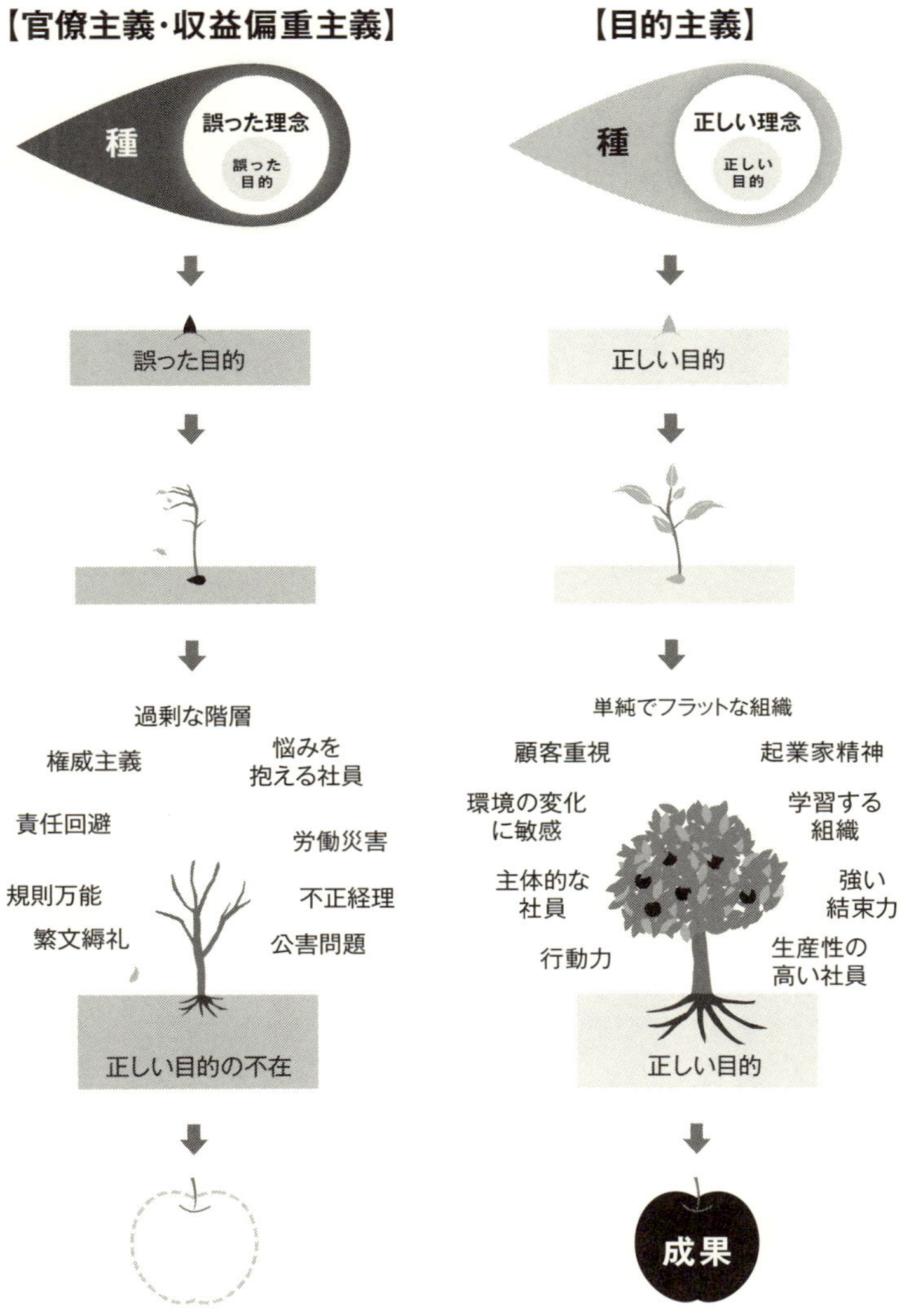
【官僚主義・収益偏重主義】
【目的主義】
種
誤った理念
誤った目的
種
正しい理念
正しい目的
誤った目的
正しい目的
過剰な階層
権威主義
悩みを抱える社員
責任回避
労働災害
規則万能
不正経理
繁文縟礼
公害問題
正しい目的の不在
単純でフラットな組織
顧客重視
起業家精神
環境の変化に敏感
学習する組織
主体的な社員
強い結束力
行動力
生産性の高い社員
正しい目的
成果

もし会社が正しい目的を社員一人ひとりに植え付け、その目的を追いかけるよう支援するならば、彼らは会社を高めるために、主体的に行動し、外部環境に敏感になり、顧客や市場のニーズに応えるために起業家のように新しいことへ果敢に挑戦することだろう。彼らは自ら学び、自身の生産性を高め、大きな収穫を会社にもたらすことだろう。そして、そのような社員たちは共通の目的により一致団結し、結束力の強い勝利するチームを作ることであろう。

正しい目的を中心に据えた信条は、まずは種のように人の内面に蒔かれる。それが、どこからか舞い降りてきて意図せずに蒔かれることもあるが、優良企業においては社員の内面に正しい目的という種を蒔き、それを養い育てることを怠らないものである。

目的という種が人の内面に蒔かれると、それはやがて人の内で育まれ、根をはり、地上に小さな芽を出し始める。そして、幹を伸ばし、枝を広げ、葉を茂らせ、結果的に大木へと成長し、豊かな実を結ばせるのである。

一方、官僚化や収益偏重の問題を抱えた会社は、社員の心の中に正しい目的の種を蒔くことを怠ったか、種は蒔いたが、それを養い育てることを怠ったと言える。

会社の生命の源とは「正しい目的を中心に据えた信条（価値観・理念）」である。インフラや事業内容や社員などが時間と共に変わっても、信条は人々の内面で育まれ、世代を超えて継承されながら、いつまでも不変のものとして存続する。これこそが、会社の繁栄と衰退を分かつものなのである。

すなわち、**企業の中にあって永らえ得るものが、企業を永らえさせ得るのである。**

目的は活力を与える

「会社の目的」というテーマでいろいろと話をしてきたが、あなたはこれについてまだ興味津々とは言い難い状態かもしれない。ただ、これまでの説明から会社がいろいろな意味で問題を抱えていることについては再認識されたのではないだろうか。それらの問題は次のようなものであり、私はこれらを会社の二大疾病と呼んでいる。

- **収益偏重による問題（モラルに対するリスク）**
- **官僚化による問題（モラールに対するリスク）**

「会社の目的」について興味を示さない人々も、これらの問題については気掛かりなはずである。

あなたは会社という「船」に既に乗っており、会社が問題を抱えると、その影響はあなたにも及んでくる。そして会社という船は、たとえ大きく頑丈であっても、難破や遭難するリスクを抱えている。会社の目的を決めることは、そこで働く人々の生きる目的や生き方を決めることに繋がる。

我々は人生の大半を会社で過ごしている。その会社が進んでいる方向は、我々が人生において進んでいる方向でもある。あなたが大きな客船に乗っていれば、あなたがその甲板の上をどこに向いて歩いていようと、船が北に向かって進んでいる時は、あなたも北に向かって進んでいるのである。

そう考えると会社がどの方向に向かって進んでいるか気にならないだろうか。会社の向かう目的地とあなたの行きたい場所が一緒であれば、あなたは希望をもって旅を続けられるはずである。

会社の目的とは単に問題を予防し治療する薬ではなく、喜びをもたらす源なのである。「会社の目的」を感情によってカラフルにイメージできれば、それらはビジョンとなってあなたに活力を与えてくれることだろう。

この話を結ぶにあたり、赤字であったスカンジナビア航空（ＳＡＳ）を就任直後に黒字化した伝説の元ＣＥＯヤン・カールソンの言葉を引用したい。

人的資源に関する私の見解に同調する経営幹部は、従業員全員に企業運営の指針となる経営ビジョンを理解させる必要があることを了解するだろう。従業員はビジョンを理解してはじめて、全力を傾けて実力を発揮するようになり、全員が総合目標達成のために自分の責務を遂行することが可能になる。そして、意欲的な従業員の強大な活力が解き放たれる。

花崗岩の石材を切り出していた2人の石工の話を例に引くのが、私の経験を要約する最も適切な方法だろう。石切場にやってきた男が、石工に何をしているのか、とたずねた。

1人の石工は不機嫌な表情で、「このいまいましい石を切っているところさ」とぼやいた。別の石工は満足げな表情で、「大聖堂を建てる仕事をしてるんだよ」と誇らしげに答えた。

完成した暁の大聖堂の全容を思い描くことができて、しかもその建設工事の一翼を担っている石工は、ただ目前の花崗岩をみつめてうんざりしている石工より、はるかに満足しているし、生産的だ。真のビジネス・リーダーとは、大聖堂を設計し、人々にその完成予想図を示して、建設への意欲を鼓舞する人間のことである。（「真実の瞬間―SAS（スカンジナビア航空）のサービス戦略はなぜ成功したか」ダイヤモンド社、ヤン・カールソン著、堤猶二訳）

第2章　会社の目的

「会社の目的」とは何か、心に訊《き》く

「人間の発達や組織論、経営管理論を説く書物は次々と世に現れている。それらはいずれも人間性、特に動機づけに関する新しい知見に立脚したものであるが、価値や目的の話となると高校生並みの漠然とした説明しかしていない。何とも信じがたい状況である」

(『完全なる経営』日本経済新聞出版社、A・H・マズロー著、大川修二訳)

「『会社の目的』とは何か?」と尋ねられたら、あなたならどのように答えるだろうか。

このような質問を私の職場の人々に尋ねると、多くの人々は戸惑ってしまう。人によっては、格好よく答えようとしているのか、すぐには答えることができない。業務上の細々とした質問であれば即答するような人も、会社の目的については答えに詰まるのである。

人によっては「そんなこと聞いてどうするの?」と訝《いぶか》るように聞き返してくる人もいる。

当然の反応である。このような会社の目的を問う質問は、その人の心の奥深くにある答えを引き出すことになるため、人々は躊躇するのである。これは価値観に関わるデリケートな質問なのだ。

だからと言って、本書ではこれを避けて通ることはしない。むしろ、私たちの無意識の中に浸かった価値観や信条をテーブルの上に載せて論じたいと考えている。

あなたは会社の目的について質問されたとき、その答えをどこに求めるだろうか。「成功者の名言」や「優良企業の掲げる理念」や「著名な学者の書いた書籍」の中に求めるだろうか。

私たちにとって、「会社の目的」についての答えを広く探し求めることは大切なことである。しかし**最終的な答えは、是非ともあなたの心に求めてほしい**。

現在のような情報化社会において、人々は答えを「外」に求める傾向が強い。しかし、大きな価値に関する答えはあなたの心の中にある。私たちは小さい頃から「胸に手をあてて考える」ことを教わってきた。外にあるのは「答え」ではなく「情報」である。価値についての答えは、心という深い井戸から汲み上げられてこそ価値がある。そして答えを得ることができたら、その答えに矛盾がないか深く考えてほしい。

私たちは自身の「感情」と「理知」によって、会社の目的についての答えを見い出すこ

とができるのである。

これから述べる会社の目的とは、さまざまな個人や会社などが定める固有の目的や期限つきの数値目標などとは異なる。また、会社の定款に記されるような会社の業務内容を表すものでもない。それは全ての会社が目指すべき方向であり、全ての会社に共通する不変の目的である。

それだから、人々はこの不変の目的に基づいて、各々の組織や個人の二次的な目標や行動を決めることができる。現状の点とこれから述べる「会社の目的」という点を直線で結び、その線上に各社各人の固有の目標や行動を載せればよいのである。

●会社の目的についての2つの分類

私はこれまで多くの会社や経営者の掲げる理念や哲学を調べてきた。そして、その中で語られている会社の目的は全て次の2つに集約されることが分かった。

- **利潤追求………会社側面を重視した目的**
- **福利貢献………人間側面を重視した目的**

例えば「利潤追求」に属する目的には、「会社の永続的発展」「業界No．１の売上達成」「自社の株式上場」などがある。これらは会社の財政面の健全化と成長を目指す「会社側面を重視した目的」である。

一方で「福利貢献」に属する目的には「社会貢献」「社員の自己実現」「人間尊重」などがある。これらは人々の喜びを目指す「人間側面を重視した目的」である。

人々の掲げるさまざまな「会社の目的」は、これら２つの目的のいずれかに集約できる。もし、この２つに割り振ることが難しいならば、それは２つの目的を果たすための「手段」か、全く的外れなものと言える。

例えば「価値の創出」「顧客の創造」「科学技術の発展」などは、先の２つに分類されないように思われる。しかし、よくよく考えてみると、これらは先に挙げた目的を果たす「手段」か、その一部であることが分かる。もし、これらが「利潤追求」と「福利貢献」のいずれかと全く繋がりを持たないとしたら、それ自体では何ら意味を持たないことは容易に理解できる。

このように会社の目的は２つのみであると述べると、物事をあまりに単純化しすぎると非難する人もいるかもしれない。しかし「利潤追求」「福利貢献」の２つの目的のいずれかに、人々の考えるさまざまな目的は集約されるのである。

●会社の第一の目的とは

では、これらの2つの目的「利潤追求」「福利貢献」のどちらが第一の目的だろうか。

ある人は「会社は利潤無くして存続できない。よって利潤は会社にとって最も重要なものであり、利潤追求こそが優先すべき第一の目的である」と言うだろう。

すると、「利潤追求のみを優先してしまうことは、人々の福利を損なってしまうことに繋がりはしないか」と反論する人もいるはずである。目的は優れた教師でなくてはいけない。多くの但し書や言い訳を必要とする目的は正しくない。

収益偏重はさまざまな問題を引き起こす原因となることを前述した。ときにそれは、会社をマフィア組織のような、利益のためには手段を選ばない忌むべき集団に変えてしまう。よって、利潤追求は会社の第一の目的には相応しくない。

それならば福利貢献が第一の目的であろうか。

「会社の第一の目的を『福利貢献』などとしてしまえば、社員を甘やかして、会社を仲よしクラブのような、利益を生み出さない非生産的な組織に変えてしまうのではないか」と訝《いぶか》る人もいるだろう。

このように福利貢献を第一の目的とすることについて反対する人は、幸福について何か間違った考え方をしているのではないかと思われる。

幸福を単なる「安楽」と考えてしまえば、この目的は成り立たない。しかし、幸福が「自己実現」や「利他」という高い欲求の充足にあるとするならば、人々の福利を求めたからといって、決して会社は弱められたり、損なわれたりすることはないのである。

会社の第一の目的を福利貢献とするときには、「福利とは何であるか」という幸福についての答えも準備しなくてはいけない。幸福について正しい答えを持つならば、福利貢献は会社の目的として相応しいものとなる。そして利潤追求は、人々の福利貢献を果たすための手段となると同時に、福利貢献により生み出される副産物となる。

これまでの論議から理解できるように、会社の第一の目的は「福利貢献」である。そして「利潤追求」は福利貢献という会社の目的を継続的に果たすための手段となる。これを一文にまとめると次のようになる。

会社の目的とは、利潤を追求しながら、人々の福利に貢献することである。

この目的は、私たちの心で深く理解されるときに、大きな力を発する。

この会社の目的にまだ納得しない人々もいることだろう。しかし、この目的の正当性をこれ以上論じることはしない。これは理屈ではないからだ。これは感情により導き出され

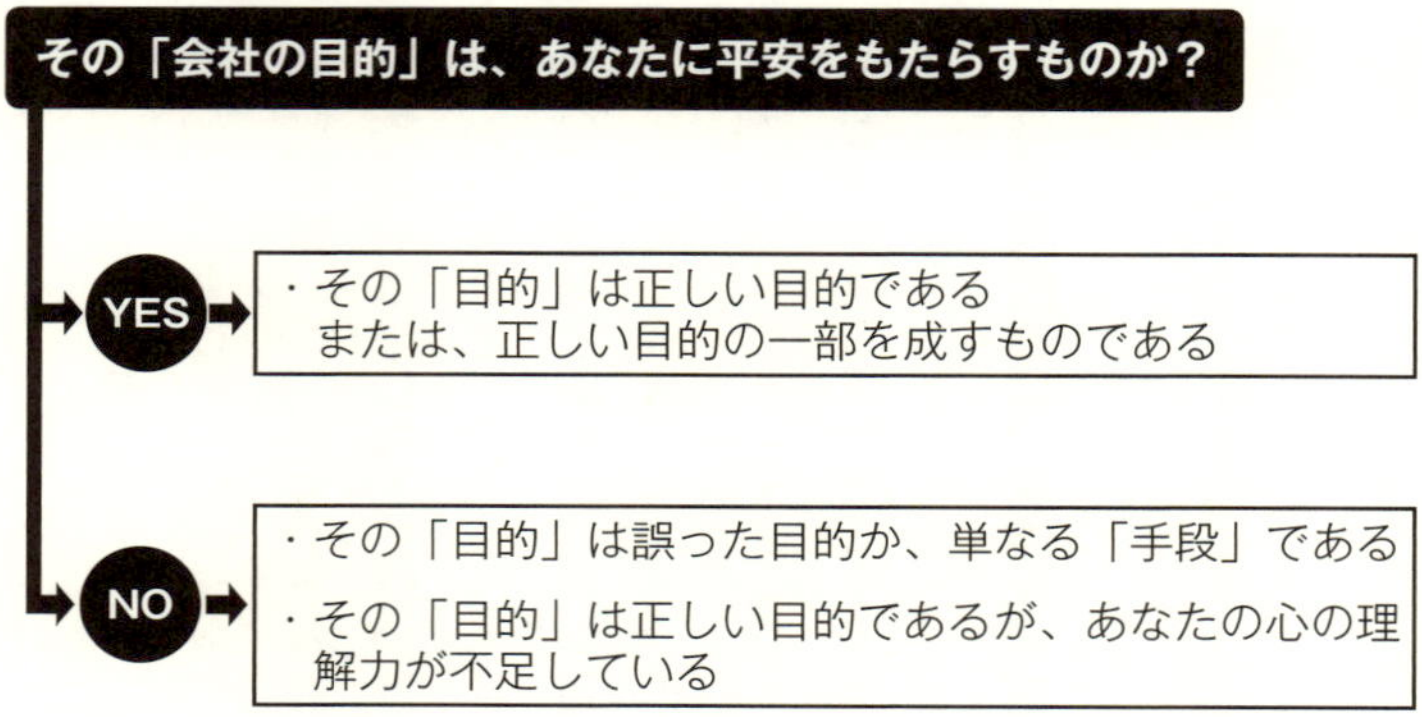
その「会社の目的」は、あなたに平安をもたらすものか？
YES
・その「目的」は正しい目的である
または、正しい目的の一部を成すものである
NO
・その「目的」は誤った目的か、単なる「手段」である
・その「目的」は正しい目的であるが、あなたの心の理解力が不足している

る「答え」である。
会社の目的についての是非は、「その『会社の目的』は、あなたに平安をもたらすものか?」という質問に対して、あなたの答えが「イエス」か「ノー」かのいずれかで決まる。答えが「イエス」であれば、その目的は正しい目的である。

私たちが価値観についての答えを得るには、感情の中にある答えを引き出さなければならない。あなたはこれまで大きな価値判断を頭のみならず、心でしてきたはずである。「この目的は私に平安をもたらすものか」と自問することが、あなたが答えを得る有力な手段となる。答えは最終的には心で得るしかない。もし疑問が残るならば、もう一度胸に手をあて

て考えてもらいたい。

福利貢献したいという欲求

アップル社の創業者でＣＥＯのスティーブ・ジョブスが、かつてスタンフォード大学の卒業式で卒業生らに向けて語ったスピーチは印象的なものだった。

私は17才の時、このような言葉をどこかで読みました。「毎日、これが人生最後の日と思って生きなさい。やがて必ず、その通りになる日がくるのだから」（聴衆の笑い）。それは私にとって印象的でした。そしてそれから現在に至るまで33年間、私は毎朝、鏡を見て自分に問い掛けてきました。「もし今日が自分の人生最後の日だとしたら、今日やろうとしていることは、私が本当にやりたいことだろうか?」と。その答えが「ノー」である日が続くならば、そろそろ何かを変える必要があるとわかるのです。

（２００５年6月12日、スタンフォード大学卒業式にて行われた祝賀スピーチより）

スティーブ・ジョブスは、これまで時代をリードするＰＣ「アップル」「マッキントッシユ」「ｉＭａｃ」や携帯機器「ｉＰｏｄ」「ｉＰｈｏｎｅ」「ｉＰａｄ」などのヒット商品を世に送り出してきた。

彼のような実業家が、このような大きな価値を社会にもたらすのを目の当たりにすると き、「どのようにして、このような偉業を成し遂げることができたのだろうか」と考えさせられる。ここで紹介したジョブスのスピーチは、それに対する一つの答えと言える。

すなわち、**「自分が本当にやりたいことをする」**ということである。

人々が偉業を果たすとき、それを外部から強いられて果たしたということを見たり聞いたりしたことがない。全ては、それらの人々の内から起こる意志や熱意によって成し遂げられてきた。

しかし、私たちが会社の中で目にする光景はそのような内面から起こる意志やエネルギーとは全く異なるものである。人々は義務感で働き、疲弊しきっているのである。

「私は本当にやりたいことをしているだろうか」と自問してみてほしい。

もし、その答えが「ノー」であれば、ジョブスが語ったように何かを変える必要がある。

「私は会社において何を欲しているのだろうか」と次に自問してみてほしい。

何か答えは得られただろうか。

私たちの多くが、食べていくために働いている。働いて生活の糧を得なければ、私たちも家族も生きていけない。しかし、それだけでよいのだろうか。もしそれだけの理由で働くとしたら、給料をもらうことのみが収穫となり、帰宅するときにのみに喜びを感じるようになる。仕事は呪いのようなもので、面倒くさいことであり、新しいことや困難なことにチャレンジしたいとは思わなくなる。すると、知識や能力も高められることはない。そのように働くとき、勤務時間は長く感じられるのではないだろうか。

自分と家族の必要を満たすことだけを目的として働くことは、明らかに不十分なのである。「いやいや自分にとってはそれで十分である」と言う人もいるかもしれない。しかし、それは一見、楽であるように思われるが、実際はかなり窮屈なものである。「生活のために働かなくてはいけない」ということが義務として認識され、時として強迫観念のように感じられるからである。そのような観念は牢獄のように人をその中に閉じ込めてしまう。

人が働くときに抱く欲求にはさまざまなものがある。前述したような「自分と家族の衣食住に関わる生活を安全に保ちたい」という欲求は一般的なものである。その他に、「多くの富や名声を得たい」という欲求、「職場の人たちと仲良くしたい」という欲求、「自分の能力を高めたい」という欲求、とさまざまである。

著名な心理学者アブラハム・Ｈ・マズローは「自己実現理論」、別名「マズローの欲求段階説」という考えを提唱し、「人間は自己実現に向かって絶えず成長する生きものである」と仮定し、人には基本的な欲求として5つの欲求があると述べている。それらの欲求を低次なものから挙げると次のようになる。

1、生理的欲求……生命維持のための食欲・睡眠欲等の本能的・根源的な欲求
2、安全の欲求……衣類・住居など、安定・安全な状態を得ようとする欲求
3、所属と愛の欲求……集団に属したい、誰かに愛されたいという欲求
4、承認の欲求……自分が集団から認められ、尊重されたいという欲求
5、自己実現の欲求……自分の能力と可能性を発揮し、成長したいという欲求

マズローは「人間はこれらの欲求において、低次な欲求が満たされると高次な欲求へと段階的に移行する」と述べており、**「企業の究極の目的とはそこに属する人々を自己実現に向けて成長させることである」**とも述べている。

マズローの述べる「自己実現」という言葉は多くの人々に受け入れられ、人々の働く理由として関連付けられるようにもなった。私自身もマズローの考えには共感するところが多い。

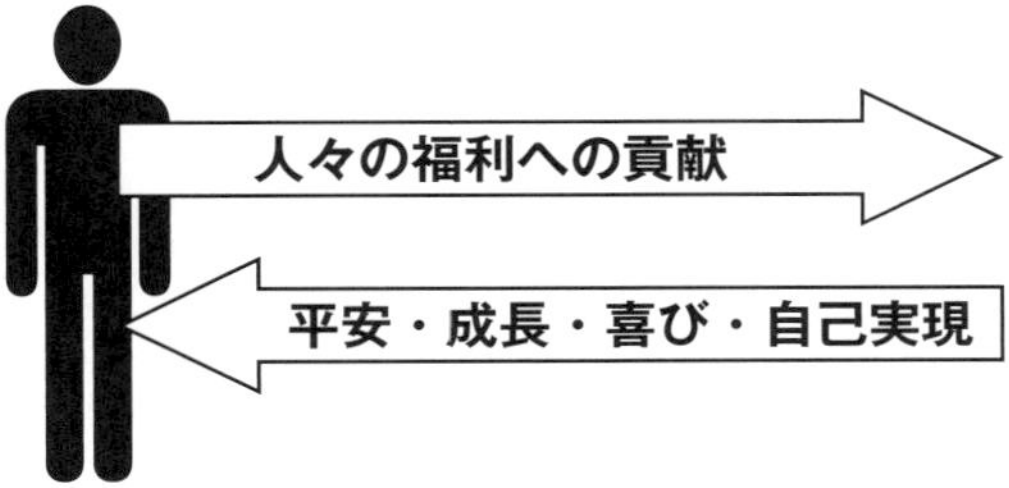

ところが、経営の現場での実践となると、「自己実現をどのように実現しようか？」という疑問にぶち当たってしまうのも事実である。この疑問を抱く時、私はマズローが心理学者であって経営者ではないことを思い出す。

経営者は会社を運営し存続させる責任がある。経営者が経営の方向性において曖昧であったり、社員に対する指示が抽象的であったりすれば、事業の赴く先が不明瞭になり、会社の推進力は衰えることになる。

自己実現は私たちが果たすべきものであるが、外に向けて事業を展開することが求められる経営の現場においては、具体化が難しい目的と言える。もし経営者が、自社の目的を「自己実現」とか「社員の成長」などとしてしまうと、概念的になり、そこで働く人々は具体的に何をしたらよいか分からなくなってしまう。

よって、会社が働きかけるべき対象は「顧客」などの外的な実体のあるものとし、内的成長はその働きの過程で自ずと果たされるようにすべきである。そしてそれは実際に現場で起こっている。**外部に対し意義深い働き（良い製品やサービスの提供など）をするときには、自分自身に対しても意義深い働きをしている。それは並行的に進むのである。**

私は決して人の内面的な事柄を軽視したり、人の成長を二次的なものと考えているのではない。全くその逆である。人の内的成長は最も大切で、優先すべきものである。しかし、内的成長を得るには外部に向かう正しい行動が不可欠で、時として自分自身を忘れるほどに意識を外に向け、働きかけることで自己実現を果たすことができると考える。

聖書にはこのことを示す深遠な一節がある。

「自分の命を救おうとするものは、それを失い、それを失うものは、保つのである」

（ルカによる福音書、第17章33節）

私たちは自身の人生を外にある貴い目的のために犠牲にするとき、新たな人生を獲得することができるのである。

マズロー自身、晩年に「第６の欲求」について考えていたことが知られるようになってきた。**マズローが考えていた第6の欲求とは「コミュニティ（共同体）発展欲求」すなわち「地域社会や国家そして地球全体などの自分が所属するコミュニティの発展を望む欲求」である**と言われている。

マズローは、これについて十分語ることなく世を去ったが、この欲求を加えようとしていたことは意義深いことである。なぜなら、マズローの述べる他の５つの欲求は全て自分自身を満たそうとする欲求であるのに対し、第６の欲求は「他の必要」を満たそうとする欲求だからである。この「コミュニティ発展」は会社の目的に掲げる「福利貢献」に重なるところが大きい。

私はマズローがその晩年に考えていた「コミュニティ発展欲求」と同様に「福利貢献欲求」が会社には必要であると感じている。会社の目的に沿った「人々の福利に貢献したいという欲求」は実のところ会社のみならず、私たちの人生のあらゆる場面で始動させるべき欲求ではないだろうか。

私たちの欲求にはさまざまなものがあるが、これら欲求の次元を高めることは重要なことである。どのような幸福や成功を得るかは、私たちの欲求によって決まるからである。

私たちが、喜びを、自身の物的な充足だけ、または自身の野心や名誉欲を満たすことだ

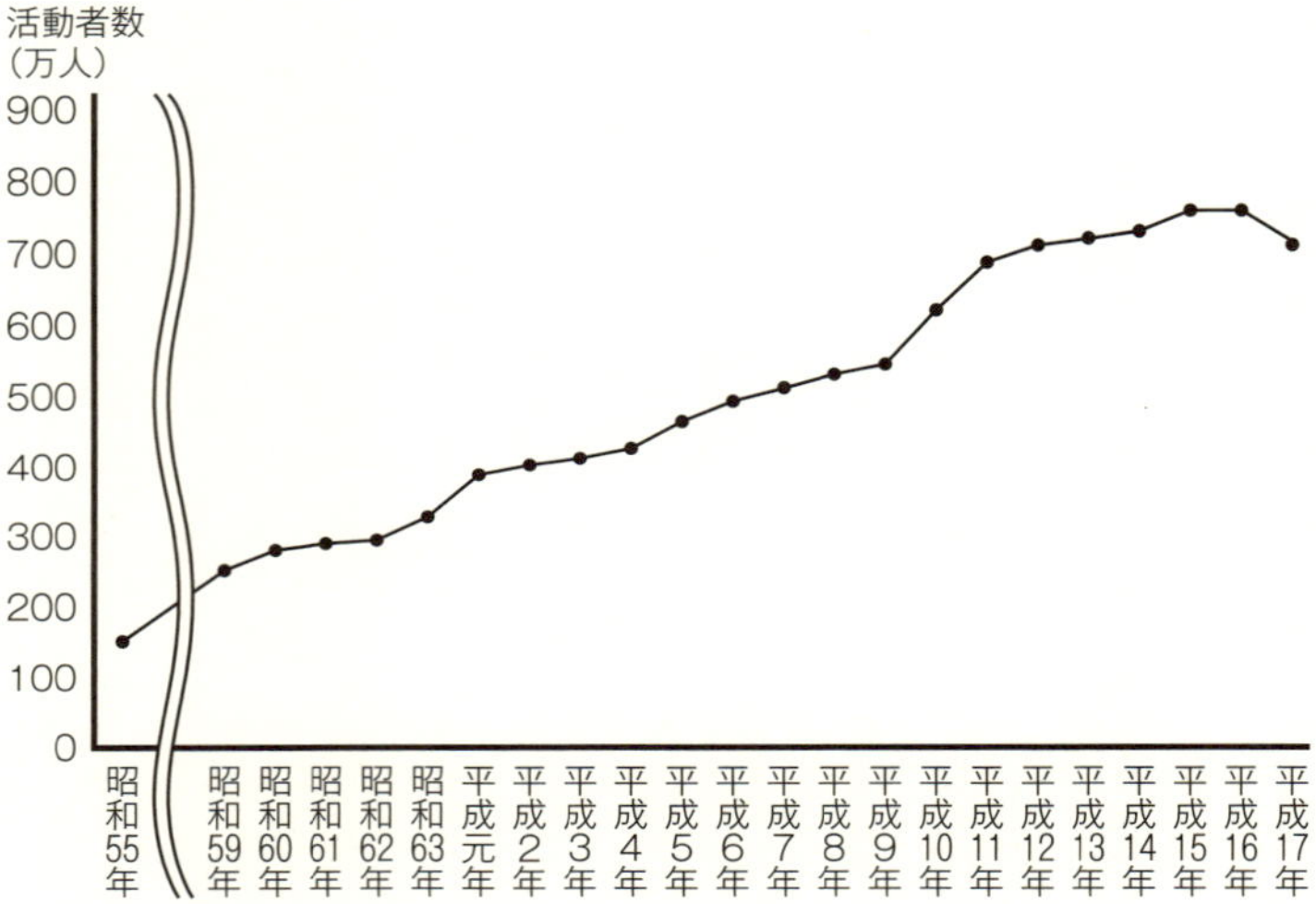

けに、見い出すとしたら、人生に限界を設けることになる。

　また、第５の欲求である自己実現の欲求は、第６の欲求また福利貢献したいという欲求を満たそうとするときに、同時に並行的に満たされるものではないだろうか。

　この福利貢献したいという欲求は、一度火を灯すと大きな熱を発する。

　上の図を見てもらいたい。これは社会福祉協議会によって報告された日本における１９８０年から２００５年までのボランティア活動人数の推移を示したものである。

　ここに示されるように25年間でボランティア人口は大方右肩上がりに上昇している。この間、経済情勢が大きく上下し、さまざまな消極的な事件や出来事があったにも関わらず、ボランティア人口は堅実に成長し続けている。この報告は、人々が他の人々の福利に貢献したいという欲求を持っていることを表している。

よくよく考えると、私たちは「福利貢献」という欲求を会社以外の場所では、日常的に感じ、それに動かされている。例えば「友人を助け励ますこと」「高齢の両親をいたわり、その世話をすること」「伴侶と喜びを分かち合うこと」「子供を養うこと」「困窮者を憐れみ、手を差し伸べること」。これらは私たちが日々、自発的に行っていることである。

しかし、会社ではなぜかこのような欲求は発動していない。これはあたかも、会社では私たちの福利貢献欲求という乾電池を、わざわざプラス・マイナス逆にセットして使えなくしているような不思議な感がある。

会社において、このバッテリーを用いるべきである。この「人々の福利に貢献したいという欲求」は全ての人々の中にあり、呼び覚ますことができる欲求だからである。

Wants《ウォンツ》だけでなくNeeds《ニーズ》を与える

「福利貢献」という会社の目的を果たすためには、人々を幸福にするノウハウを身につけなくてはいけない。これから説明することを正しく理解していなければ、人々を幸福にすることはできないであろう。

人間には、他の人々の幸福を願う気持ちが少なからずある。このような気持ちは必ずしも叶えられるものではない。「我が子の幸せを願ったにも関わらず、この子はこのようになってしまった」と嘆く親は多い。「友のために助言したにも関わらず、助言は聞き入れられず、友は苦境に陥った」と肩を落とす人もいる。

「人を幸福にするために何ができるのだろうか」と多くの人々が考え、答えを求めている。その答えは、人の置かれている状況によってさまざまであり、決して簡単なものばかりではない。

人が他者の幸福のために行動するとき、その行動は大きく2つに分けることができる。その一つは、幸福になって欲しい人に「その人が欲しているもの（Wants）」を与えようとする行為であり、もう一つは「その人が幸福になるために必要なもの（Needs）」を与えようとする行為である。

「ウォンツ」は人によってさまざまであるが、「ニーズ」はそうではない。「ニーズ」とは、真理の原則に基づいた幸福や成功を得るために、人が支払うべき「代価」のようなもので、それは「真理の原則に定められるもの」に限定されるからである。

これらウォンツとニーズが十分に理解されていないと、他者のために奔走したにもかかわらず、その結果が自分の望んだ幸福な状態と大きく懸け離れたものになってしまう。他者の幸福のために働く時には、ウォンツとニーズについてよく理解する必要がある。

　例えば、親が子供にその子が欲するものだけを与え続けたら、子供は決して幸福にはならない。子供がいつもお菓子を食べたいからといってお菓子ばかり与えていれば、子供は必要な栄養を摂取することができず発育に支障を来たすこととなる。また、子供が玩具を欲しがるからといって、玩具をすぐに買い与えるとしたら、その子の忍耐心や感謝する気持ちを養うことができない。

　このように子供の欲するもの（ウォンツ）ばかりを与えていては、子供は甘やかされてだめになってしまう。一時的には子供を喜ばすことができるかもしれないが、そのようなものは長続きするようなものではない。外から与えられる喜びには限界がある。

　子供の幸福を願うならば、ウォンツを与えるだけではなく、ニーズを与える必要がある。ニーズは時として苦く、厳しいものである。しかし、ニーズは貴いものである。

　多くの親が子供に「勉強しなさい」と言っているのは、そのようにニーズを押し付けてでも子供に幸せになって欲しいという気持ちの表れかもしれない。ニーズは幸福になるために必要であるが、それをただ押し付けただけでは何の役にも立たない。あまり強く押し付けると、相手はそれに対して拒否反応を示すことだろう。その人が自らニーズの価値を悟り、それを自身の中に取り入れ、実践するときにはじめて、その人は幸福を得ることができる。

例えば、ニンジン嫌いな子供にニンジンというニーズを食べさせるために「このニンジン（ニーズ）を食べたら、あなたの好きなプリン（ウォンツ）をあげるよ」と言って、その子を励ますこともできる。またニンジンケーキを作って、その子が食べやすいようにニーズをウォンツに近づけてあげることもできる。

幸福を実現するためには、その人にウォンツとニーズを織り交ぜながら与えることが賢明である。人の食事にはメインディッシュとデザートがあり、それらをバランスよく与えるときに栄養となるニーズを取り入れることができるのである。

ただ次のことを忘れてはいけない。ウォンツの中には人々の幸福を奪うものもある。例えば、好奇心に駆られて有害な薬物に手を出す人々がいるが、これらの薬物は幸福を破壊するウォンツである。よって、このようなウォンツはニーズの敵である。これらのニーズの敵となり得るウォンツには警戒する必要がある。

これまでウォンツとニーズについていろいろと述べてきたが、これらは「何を幸福とするか」によって整理すべきものである。幸福の有様を理解していない人は、他の人々に適切なウォンツもニーズも与えることができない。

この「幸福とは何か」という問いに対しては、その答えを導き出すためのヒントを本書の至るところに散りばめた。是非とも、その答えをあなた自身で見い出してほしい。

誰の福利に貢献すべきか

「福利貢献」という会社の目的を実践することは、口で言うほど易しくない。なぜならそれを果たそうとするとき、利潤追求と福利貢献が競合するのみならず、さまざまな人々の福利同士が拮抗する場合があるからだ。

この目的を現場で実践しようとするときに、そのことがよく分かる。ここでは次のような場面にあなた自身を置いて、あなたであればどうするか考えながら、目的に向かうことの難しさを実感してもらいたい。

〈目的を実践するための事例〉

あなたは町工場を経営する中小企業の社長である。あなたの小さな工場はある特殊な精密金具を造る技術においては業界ナンバーワンである。

あなたの顧客である大手家電メーカーの部品調達担当者は「あなたの工場から供給され

る。

部品を是非とも増やしてほしい」と懇願している。なぜなら、今やこの家電メーカーの売れ筋新商品の生産量は、あなたの工場からの部品供給によって制限されているからである

あなたとしても部品を増産し利益を上げたいと思っている。しかし、そこには問題が横たわっている。

一つ目の問題は、部品を増産するには、優れた加工技術を持つ2人の従業員を夜9時過ぎまで働かせなくてはいけないことである。この2人は現在も夜8時まで働いており、すっかり疲れきっており「これ以上、働きたくない」と言っている。

2つ目の問題は、あなたの工場に隣接する住民らが「夜9時以降に製造機械を動かすと、機械音がうるさくて眠れない」と苦情を言っていることである。

そして、3つ目の問題は、あなたの工場でかつて働いていた社員で、数年前にあなたの支援を受けて独立した金具製造業の仲間が「きみの工場が増産を始めると、新商品が旧商品に取って代わり、ぼくらが造る旧品の注文が打ち切られてしまうので、頼むから増産は止めてほしい」と言っていることである。

このように部品増産に反対する声がある一方で、増産して利益を上げなくてはいけない切実な理由もある。それは、工場の運営資金を融資してくれた叔父が「お金が入り用にな

ったので、融資したお金を数ヶ月以内で全額返してもらえないか」と求めていることである。叔父にお金を返すには、顧客の増産依頼に応えなくてはならないのは明らかだった。

このような状況に置かれたら、あなたはどうするだろうか。「顧客」「従業員」「周辺住民」「同業の仲間」「叔父」「あなた自身」の中で、誰の福利を最優先すべきだろうか。

これに対する答えは、容易ではない。この答えは単純に「増産するか」「しないか」という二者択一のものではなく、第3の解決策が求められているのである。また同時に各人の「ウォンツ」のみに応えるだけでは問題を解決することはできない。

会社の目的に向かおうとするとき、あなたはジレンマの中に置かれる。その中であなたは考え、最善の答えを探し求める。目的はあなたに価値ある難題を与え、これに答えることであなたは強くなる。そして会社は、多くの人々の福利に貢献し得る公器に高められていく。これが「目的が優れた教師である」所以である。

もしあなたが福利貢献という目的を持たず、収益偏重のみに走るならば、先の事例では何も考えることなく部品の増産に踏み切ることになる。しかし、それではあなたも会社も高められることはなく、大きな問題を将来に持ち越すことになる。それは「従業員の健康悪化」「住民苦情の深刻化」「同業の仲間との関係悪化」「あなた自身の平安の喪失」である。

短期的には福利貢献という目的は事業の障害になるように思えても、長期的には高い価値をあなたと会社にもたらしてくれる。会社の目的とは、語るだけでなく実践するときにこそ、その価値を現すものなのである。

「会社の目的」と「働く理由」を統合させる

これまで「会社の目的」についていろいろと論じてきた。この議論を進めていくと、自ずとそこに属する「社員の働く理由」について考えるプロセスに繋がっていく。実際これらの2つの事柄は分けて考えることができない。

会社の目的はそこに属する社員の「働く理由」と調和していなければ、十分に機能しない。そもそも、会社の目的というものは社員の心を触発し、惹きつけるものでなくてはいけない。そして組織のものであると同時に、社員一人ひとりにとって個人的なものとならなくてはいけない。

もし会社の目的がそこで働く社員と個人的な強い繋がり持たないとしたら、目的は社員になおざりにされ、脇に寄せられることになる。「会社の目的」と「働く理由」という2つのベクトルが一致していなければ目的が力を発することはない。

しかし、実際のところ多くの企業において２つは乖離しており、十分噛み合っていないのが現状である。

会社の目的と働く理由の統合の必要性について述べた経営学者に、ダグラス・マグレガーがいる。マグレガーは「Ｘ理論」「Ｙ理論」という２つの対極的な考えを紹介し、会社に広まっていた従来の命令統制という伝統的見解のＸ理論に対し、従業員個々人の目標と企業の目標との統合をはかるＹ理論を提唱した。

Ｘ理論……人は生来仕事嫌いで、強制されなければ会社の目標を達成するに十分な力を出さず、野心を持たず、責任を回避し何よりも安全を望む

Ｙ理論……人は生来仕事嫌いではなく、強制されなくても自ら進んで目標のために働き、責任を引き受け、高度な想像力を駆使し創意工夫を凝らす能力を持っている

Ｘ理論があまりにも深く当然のこととして浸透していた当時の会社経営において、Ｙ理論の考え方は新鮮であった。Ｘ理論において会社の要求が従業員の要求に優先するという考えに対し、マグレガーはＹ理論において「経営層の目標・欲求」と「個々の従業員の目標・欲求」とは統合し得るものであると提唱したのである。

X理論による組織作りの中心原則は権限行使による命令・統制である。いわゆる「階層原則」である。一方、Y理論によれば統合の原則ということになる。つまり従業員が企業の繁栄のために努力することによって各自の目標を「最高に」成し遂げられるような条件をつくってやることである。……統合とそれに基づく自己統制の考えのいわんとするところは、企業目標と従業員個々人の欲求や目標とをはっきりした方法で調整できれば、企業はもっと能率的に目標を達成できるという点にある。（「企業の人間的側面―統合と自己統制による経営」産業能率大学出版部、ダグラス・マグレガー著、高橋達男訳）

マグレガーの提唱するY理論は、会社の経営に新たな考え方を投じることとなったものの、実用面ではその本来の価値が十分に生かされていない。これは、Y理論が間違っているためではない。Y理論のような有益な理論も、十分な応用手法が整備されていなければ成果を生み出すことができないということである。

これは「慣性の法則」が有益な自然の法則であるにもかかわらず、日常ではさまざまな「抵抗」すなわち摩擦抵抗・空気抵抗などにより、その法則どおりに物体が動かないのと同様である。

優れた理論を実際に活用するためには、その理論と現実との間に横たわる諸事情を深く理解し、理論と現実を橋渡しするための補足的な考えや手法が必要なのである。

マグレガーのＹ理論は間違っているのではなく、実用のために補足する理論や手法が欠けているだけなのである。マグレガー自身もＹ理論がすぐそのまま会社経営の万能薬になるとは考えていなかった。


Ｙ理論の考え方が完全に立証されたわけではない。しかし、Ｘ理論の考え方よりはずっと現在の社会科学的知識に合うことは確かである。更に研究が進むにしたがって、Ｙ理論の考え方はいっそう磨きがかけられ修正されていくことはまちがいないが、しかし、完全に否定されるようなことはありえないだろう。

上っ面だけを見ると、この考え方は特に納得しがたいものではないかもしれない。しかし、この意味するところを実行するのは容易ではない。これは、経営層の奥深くしみ込んでいる考え方や行動に対し、果たし状をつきつけているのだ。（前掲著）

マグレガーが語ったように、Ｙ理論は今後、磨きがかけられ修正されていく必要がある。

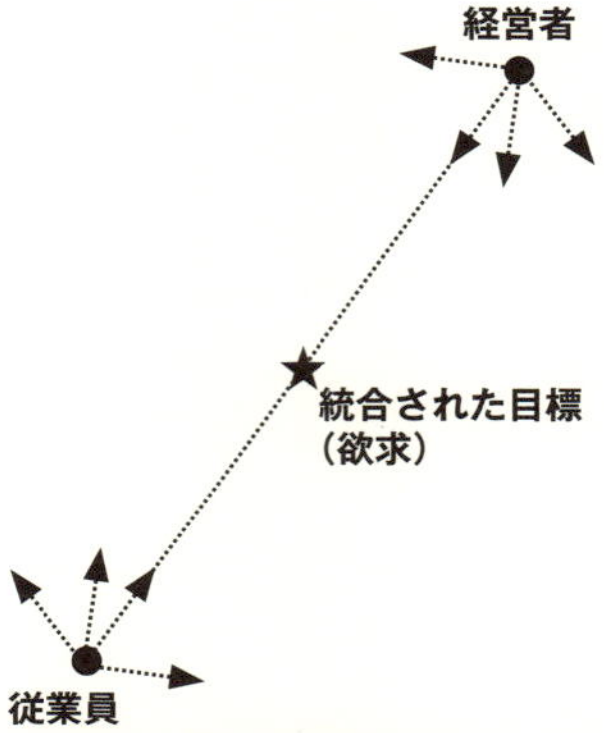

【問題を孕む目標統合モデル】

（無秩序なウォンツのベクトル）

【正しい目的共有モデル】

（会社の目的に則したウォンツのベクトル）

Y理論に一つ補足する点を挙げるならば、私は次のことを提案したい。

会社の目標（目的）は、経営者や従業員らの欲求（ウォンツ）の調整によって決められるものではなく、成功と幸福の不変の原則として既に定まったものである。よって、目的をそれら人々の好みに合わせるのではなく、人々がその目的に歩み寄らなくてはいけない。

実際に、従業員らの欲求が低次元であればY理論は有効に機能しないことが、マズローらに指摘されている。

上の左図にあるように、マグレガーの目標統合は誤って受け取られ運用されることがある。しかし、経営者や従業員らのウォンツはそれぞれの成熟度によってさまざまであり、成熟度が低ければ当然ウォンツも低いものとなる。

経営者や従業員らのウォンツの中間点を「目標」として定めようとするならば、会社は不安定な状態に陥り、迷走することとなる。場合によっては目標を定めること自体が難しくなる。

しかし、右側の図のように、確固とした不変の会社の目的を理想として掲げ、経営者や従業員らが共にそれを深く理解するように努め、そこに向かおうとするならば、人々の状態やウォンツがさまざまであっても、それらウォンツを目的が求めるニーズに近づけることができる。それによって、会社や人々は目的を果たすことができるようになる。

このように会社の目的が最初に提示され、十分に経営者や従業員に理解された上で、マグレガーのY理論による目標統合の手法を用いて、組織の状況に応じた二次的な目標や実行計画等を話し合い調整するならば、このような統合は有益なものとなる。

会社の目的というものは人々の好き嫌いで決めるものではない。それは不変の真理である。よって、人々はそれを理解し、それに歩み寄らなければならない。

会社の目的とは、人々の欲求の妥協点ではなく、人々が共に目指すべき点である。

「オーナーの視点」と「親の視点」を併せ持つ

「人々の福利への貢献」という会社の目的の中で、特に「社員の福利への貢献」は重要である。なぜなら、社員こそが会社の主体者であり推進者だからである。『「社員の福利への貢献」をどのように果たしたらよいか』、多くの経営者やマネージャーが考えている。しかし、これは経営者やマネージャーだけが考えるべき課題ではない。これはあらゆる階層の社員が主体となって取り組むべき課題なのである。

ここでは社員の福利に貢献するためのアイデアを紹介したい。

「社員」に対して働きかけるとき「社員をどのように見るか」が鍵となる。社員に対する見方が間違っていれば、社員へのアプローチも間違ったものになるからである。

では、社員に対する正しい見方とは、どのようなものだろうか。それは次の2つの視点で表すことができる。

〈社員に対する2つの視点〉

1、オーナーの視点……あなたが会社のオーナーになった気持ちで社員を見極める視点

2、親の視点…………あなたが社員の親になった気持ちで社員を見守る視点

これら2つの視点を併せ持つことで､社員の「ニーズ」と「ウォンツ」を明らかにし､社員に対するアプローチを正すことができる。

例えば、あなたの同僚である社員が職場でおしゃべりばかりして時間を無駄に費やしているとしたら、あなたは「オーナーの視点」に立って、その同僚の姿勢を正すよう働きかけることになる。あなたがオーナーであるときには、社員一人ひとりの働きが彼らのもらっている給料に見合っているか、その採算性を厳しくチェックすることになるのである。

とはいいながらも、その社員の自尊心を損なってよいというわけではない。あなたは社員を戒めるとき「親の視点」に立って、どのように伝えたらやる気や喜びを削ぐことなく、その社員を仕事に向かわせることができるかを考えるのである。

「オーナーの視点」は社員に対してだけではなく、あなたの顧客や納入業者そして株主に対するときにも有効である。この視点はあなたを会社の責任ある主体者に変え､「私は会社なのだ」という意識をあなたに与えてくれる。

デルコンピューター・コーポレーションの創業者マイケル・デルは、社員が「オーナー」としての自覚を持つことについて次のように述べている。

デルの成功のうち、かなりの部分は社員のおかげである。とはいえ、優れた人材を採用するだけでは十分とは言えない。すべての社員のあいだに、「自分自身が投資をする」という意識を生む必要がある。そのためには、「責務」「責任」「成功の共有」という三つの要素が必要になる。

マネージャーという立場にある者なら知っているだろうが、社員一人ひとりに「投資をする」という意識を持たせようとしても、外からの働きかけはほとんど無意味である。そういう意識は、通常、自分のなかで育まれるものなのである。

ただし、そのためには、社員が「オーナー」として自覚を持つような会社をつくっておかなければならない。（『デルの革命『ダイレクト』戦略で産業を変える』日本経済新聞社、マイケル・デル、キャサリン・フレッドマン著、吉川明希訳）

デルが述べるように、オーナーとしての自覚は全ての社員が身につけるべきものである。しかし、それだけでは物事はうまくいかない。なぜなら、オーナーの視点には「人間尊重」という大切な要素が欠けているからである。よって、社員を見守る親の視点が必要となる。

オーナーの視点では社員の「生産性」「採算性」に目が向けられるのに対して、親の視点では社員の「喜び」「充足」「成長」などに目が向けられる。

多くの優れた経営者には、この親の視点が備わっている。優れた創業者や経営者、具体的にはＩＢＭのトーマス・ワトソン・Sr.、ヒューレット・パッカードのビル・ヒューレットとデイヴィッド・パッカード、ウォルマートのサム・ウォルトンなどは「オープン・ドア・ポリシー」などと呼ばれる慣行を実践し、社員らがいつでも、経営者やマネージャーらと直に会って個人的に話ができるよう上役らの部屋のドアを開放させてきた。

さらに彼らは、経営層やマネージャーが現場に赴き、社員らと非公式に気軽に対話すること、社員らの思いや状況を理解することを奨励し、自ら実践してきた。

優れた経営者らは「親」として家族である社員らとの間に、垣根のないコミュニケーションを保つよう心がけている。

それは大家族が食卓について食事を取るときに、父親や母親が子供たち一人ひとりに語りかけ、それぞれの話に耳を傾ける姿にたとえることができる。

子供を愛する両親は家族一人ひとりに関心を払い、その話に耳を傾ける。決して、特定の子供を無視したり、話すのを遮ったりするようなことはしない。彼らはこのような食卓の暖かな雰囲気を会社規模が大きくなっても社内に維持するよう努めてきたのである。

このような「親の視点」を全ての社員が持つならば、決して社員の福利が疎かにされることはないであろう。親とは息子や娘の幸福を願う最後の擁護者だからである。

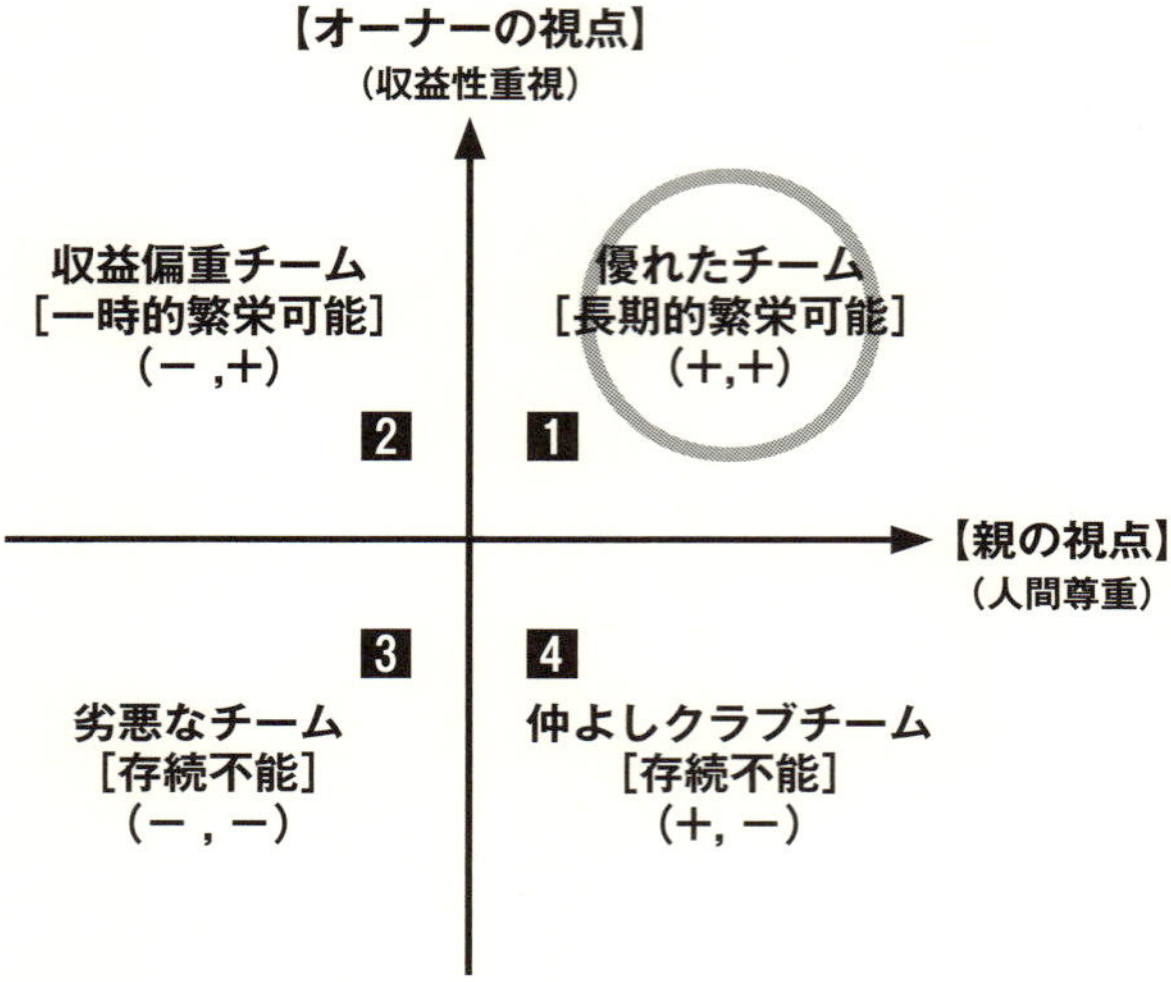

これまで述べた2つの視点を身につけるならば、会社や組織を優れたチームに変えることができる。上の図に表される「第1象限」すなわち「オーナーの視点」と「親の視点」が共に備わった領域に社員を導くことで、会社と人々は共に高められる。

そして、2つの視点を身につけた後で、私たち社員が取り組むべき課題は、いかに「良いオーナー」になり、「善い親」になるかである。これについては「ファクターU」によって答えていきたい。

第3章　ファクターU

ファクターU

　これまで「会社の目的」について、いろいろと論じてきた。しかし、これまでの内容は、何ら目新しいものではない。ある人々に言わせれば「当たり前のこと」である。経営学において、「企業理念」の重要性は言うに及ばないことであり、「人々の福利への貢献」という会社の目的も、優良企業の掲げるさまざまな企業理念の最大公約数に過ぎないと言われれば、そのとおりである。

　しかし、「会社の目的」を本書のスタートラインに置いたことは、決して間違いではない。なぜなら会社の目的は言葉で語られ、文字に書かれてはいるものの、人々の心に刻まれているとは言い難いからである。現にそのことを示す現象は世にあふれている。

　これから述べる「ファクターU」は、私たちの外に置かれた目的や価値観を内面化させることに対する挑戦である。ファクターUはあなたに何らかの「答え」を与えてくれるはずである。

●ファクターUとは

私たちは意外と無知である。

哲学者ソクラテスは「自分自身が無知であることを知っている人間は、自分自身が無知であることを知らない人間より優れている」と考えた。私たちはこの「無知の知」について時々忘れてしまっているようである。

私たちは知らないことのほうが知っていることに比べて遥かに多いにも関わらず、無知であることを忘れて、あたかも自分は多くのことを知っているかのように勘違いして日々暮らしている。

また、私たちは無知を自覚していないだけではなく、「知っていること」もあまり自覚していないのである。私たちは知らず知らずのうちに多くのことを理解し、それを単なる情報以上のものとして私たちの内に蓄えているにも関わらず、それを認識しないまま行動している。知っていることも実はあまり知らないのである。

しかし「知っていることを知ること」は「無知であることを知ること」と同様に大切なことである。これから述べる「ファクターU」とは、まさに知っていることを知る「既知の知」に関する話である。

私たちが知っていることや理解していることは、その知識と理解の深さと共に私たちや私たちが属する会社組織に大きな影響を及ぼしている。ファクターUという見方で物事を解釈するならば、私たちは自身や周りの人々の成長を助け、組織を高めていく新たな道筋を見い出すことができるだろう。

ではファクターUとは何か。

ファクターUとは「理解」や「理解の度合」を表す言葉である。そのため「理解（Understanding《アンダスタンディング》）」の頭文字を取って「U」と表している。しかし、なぜそれを単に「理解」と呼ばずにUと呼んでいるかというと、Uは人々が知っている「理解」という言葉とは異なる特別な意味を持つからである。

この「U」を定義するならば次のようになる。

ファクターUとは、真理（真実）や事実に対する確信を伴った深い理解である。

ここで重要なことは理解の対象が「真理」および「事実」であるということ、また「理解」が単なる理解でなく「確信を伴った深い理解」であるということである。よって、それはいい加減な情報を単に頭で認識し分かっているというようなものではなく、**真実の情報を頭と心と体で深く理解していることなのである。**ある人々はそのような確信を伴った理解を「信念」と呼び、宗教家は「信仰」と呼ぶかもしれない。

私たちが理解し蓄えている知識にはさまざまなものがある。しかし、それら全てが本当のことであるか、というと必ずしもそうではない。

例えば、子供の頃に聞いたおとぎ話はほとんど実話ではない。また、人づてに聞く噂や世間話は伝える人の主観や伝聞による不正確さが加わり、事実と大きくズレていることが多い。インターネットやテレビなどを通して得られる情報も事実と異なるものが含まれている。

私たちの持つ知識とUとの関係は、次頁のようなコップをコースターの上に載せたような図で表すことができる。

この図においてコースターの円は、私たちが蓄えている全ての知識を表しており、この円の大きさはそれら知識の大きさを表している。

そして、それらの知識の中で「真理や事実についての知識」は、そのコースターの円よりさらに小さな円、すなわちコースターに載せられたコップの底の円で表すことができる。このコップ底の円の大きさが「真理や事実についての知識」の大きさを表している。

私たちが持っている「真理や事実についての知識」は、全ての知識の大きさに比べて小さく、その一部であるため、大きな知識の円の中に、小さな「真理や事実についての知識」

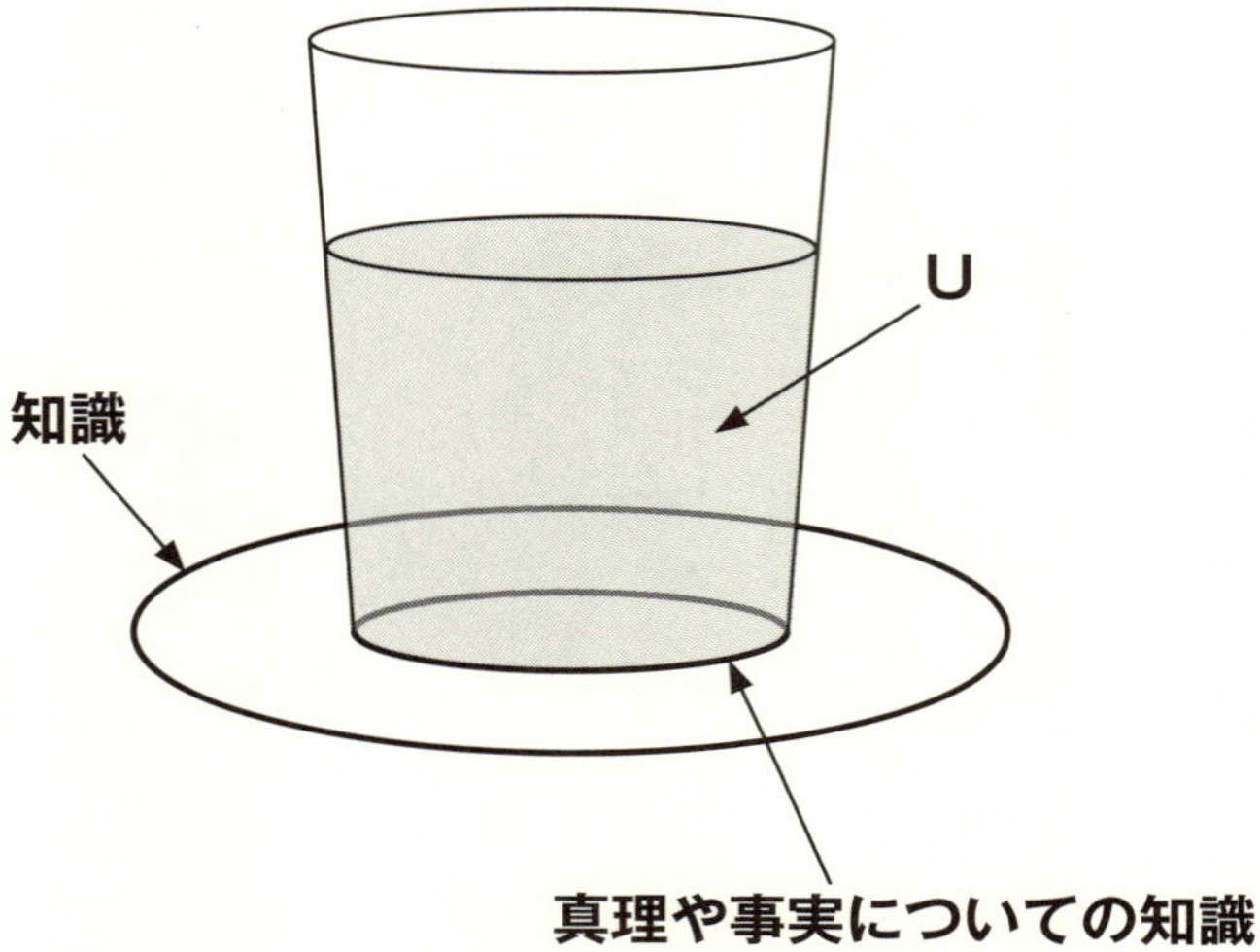

の円が存在する形で表される。

ではUはどのように表すことができるのだろうか。

Uはそれら「真理や事実についての知識」すなわちコップ底面の上に蓄えられた水で表すことができる。

ファクターUは「真理や事実についての知識」の理解度や確信の度合を表す。よって単なる知識の平面的な広がりではなく、確信の強さや理解の深さという「高さ」で表される。そして総合的なUの大きさは、このコップに蓄えられた水の「嵩《かさ》」で表すことができるのである。

このファクターUの表す「理解の深さ」に関する論議は、経営学においては大いに欠けているところである。しかし、人が真理や事実をどれだけ深く理解しているかは、その人が会社にどれだけ影響を及ぼすかを決めている。

最近、会社経営において「知識」への関心が高まっている。知識こそが会社の本質的な資源であり、会社の競争優位を決定づけるものであると捉えられるようになってきた。

ところが、いざ知識を重視した経営の実践となると、無形の知識や信念といったものをどのように取り扱ったらよいか分からず。外形的な組織やシステムなどの改変で終わってしまうケースが少なくない。そこには明らかに真理に対する理解の深さを捉えて、それに応じた活用と展開をはかる意識やノウハウが欠けているのである。

ファクターUとは、「真理や事実に対する確信を伴った深い理解、または理解の深さ」を表すと述べた。このファクターUは哲学者プラトンが定義した「知識」の定義、すなわち「正当化された真なる信念」と類似している。しかし、その論点は異なっている。

プラトンが哲学的な「知識」とは何であるかを論じたのに対し、ファクターUは知識についての信念の度合を論点としている。これは人の内に蓄えられた一つの知識を定性的に扱う論議から定量的に扱う論議に踏み出すための手段を提供しているのである。

ファクターUは理解の深さや確信の度合を表すため、コップに蓄えられた水の嵩で表わされると述べたが、そこには物事の「価値の重さ」についての理解という要素も含まれる。

すなわち、Uはコップに蓄えられた水の「嵩」だけでなく「重さ」の要素も含まれるのである。そして、そのような物事の価値という重さについての理解は感情によってなされるところが大きい。

本書では「会社の目的」という価値観に関わる真理を中心に扱うため、感情による理解について論じることが多くなる。

理解Uの対象が「真理」「事実」であるということも再三強調しておきたい点である。「真理」などという言葉を用いると、かなり大袈裟に聞こえるかもしれない。**真理とは私たちが日々接する「事実」を集約したもの、「事実」を定理化・法則化したもの、定義したものである。事実と真理は帰納と演繹によって相互に繋げられるものである。**

全知ではない私たちが真理として掲げるものは、結果的に部分的な事実やある特定の条件下における現象や物事の成り立ちや作用を表したものに過ぎない。しかし、ある条件下における事実を理解し活用する上では有益なものであり、それは限られた条件下では「本当のこと」と言ってよい。

私たちが暮らすこの世界において、私たちが認識するかしないかに関わらず、万物はさまざまな真理の法則に基づいて動き、存在している。真理とは本来、時間の経過によって移り変わるようなものではなく、現在・過去・未来において不変のものである。「万有引力の法則」や「慣性の法則」などのような自然界の法則も真理と言ってよい。その一方で、人々の喜怒哀楽に作用する真理も存在している。私たちは日々それら真理の法則に基づいて作用し作用されているのである。

しかし、多くの人々はそれら真理の存在をほとんど意識していない。人々はそれらを数式や言葉などで定義することなく理解している。

例えば、私たちは赤ちゃんとしてこの世に生まれると、すぐ望むと望まざるとに関わらず真理の法則下に身を委ねることになる。産声を上げたそのときから、私たちは自分に必要なものを無意識のうちに探し求め、取り込もうとする。

まず私たちは生まれてすぐに空気を吸って、呼吸を始める。それは「空気」が「酸素を20％含有する混合気体であり、人は生きるために酸素を体内に取り込む必要がある」という真理を、頭で理解する前に、本能的に周りにある気体を吸って理解する。考えて理解するのではなく、身体が経験を通して感覚的に認識していくのである。

それから空腹を覚えたとき、母親が与えるミルクを、その名前や成分を知ることなく飲み始める。

さらに、成長する過程で子どもはさまざまな真理を理解していく。1歳児にもなれば卓袱台《ちゃぶだい》に捕まりながら立ち、卓袱台に載っている玩具を手で押して落とすことで「物は下に落ちる」という真理を理解する。

私たちがもし「物は下に落ちる」という簡単な真理を理解していなかったらどうなるだろうか。もしそのまま成人したら、生活する中で穴に落ちたり、階段から転げ落ちたりして怪我をすることだろう。場合によっては命を失うような事故に遭うかもしれない。

Uは知らず知らずのうちに私たちを守り、安全に、また賢明に生きられるように支えてくれているのである。

Uは日々、「意識的」「無意識的」に蓄積されている。それは「物質的なもの」に限らない「精神的なもの」も同様である。

物質的なものと精神的なものにはその境界が明確でないことを近年の科学が明らかにしている。

私たちの思考も、脳や神経組織における化学物質や電子などのやり取りが関与していると理解されるようになってきた。精神的な病で気持ちが落ち込んだ場合には薬（物質）を飲んで対処する。すなわち、精神的な現象に対し物質的な対処を施すのである。

これらのことは「物質的な事柄」と「精神的な事柄」は連続的な繋がりを持っていること、また物質的か精神的かということもマクロ的かミクロ的かということでしかないことを表している。

つまり、様々な真理には何らかの関連性があり、私たちの周りの物質的な事柄や出来事が私たちの精神に影響を与えたり、逆に精神の状態が物質的な問題を解決したりするのである。

ある物事を成し遂げようとするとき、それに向かう人のUはその結果を大きく左右する。Uに着目することは問題の根源的な要因を考えることであり、根本的な問題解決の正しいシナリオを作る上で大いに役立つことなのである。

Uのさまざまなレベル

人の真理や事実についての理解Uにはさまざまなレベルがある。それを判断する一つの指標はその人の「行動」である。人の行動はその人が何をどれだけ深く理解しているかをはっきりと表している。Uとはその人を内側から突き動かしているものなのである。

ある人の「行っていること」が「知っていること」と一致していないことがしばしばある。これは真理についての確信が弱いこと、理解が浅いことを表している。

例えば、小さな子供は親から注意を受けてもそれに従わないことがある。「熱したヤカンに触らないで！」と親に言われても幼児は触ってしまう。これは幼児が親の言葉の意味を理解していないか、それを理解していてもその重要性や真実性を実感していないためである。

同じことは、大人にも見られる。タバコを常習する人は、それが健康に悪いと分かっていて止めたいと思っていてもなかなか止められない。これも「知っていること」と「行っていること」のギャップであり、それらが一致していないケースである。

「知っている」「分かっている」と一言で言ってもそれにはさまざまなレベルがあり、それはその人の言動に影響を与え、決定づけてさえいる。

Uにはさまざまなレベルがある。それを順に表したものが次の図である。

人は真理について理解するとき、第1のレベル「真理の概念を知っている」という最も低次な状態から始まる。

このレベルでは、真理の概念を単なる情報として認識しているだけで、本当のことであるとは理解していない。このレベルでは、人は真理に基づいて行動したり、犠牲を払ったりすることはできない。

次に第2のレベルであるが、このレベルは「真理を自らの経験等で本当であると認識しているが、それに基づいて行動するまでの確信はない」という状態である。

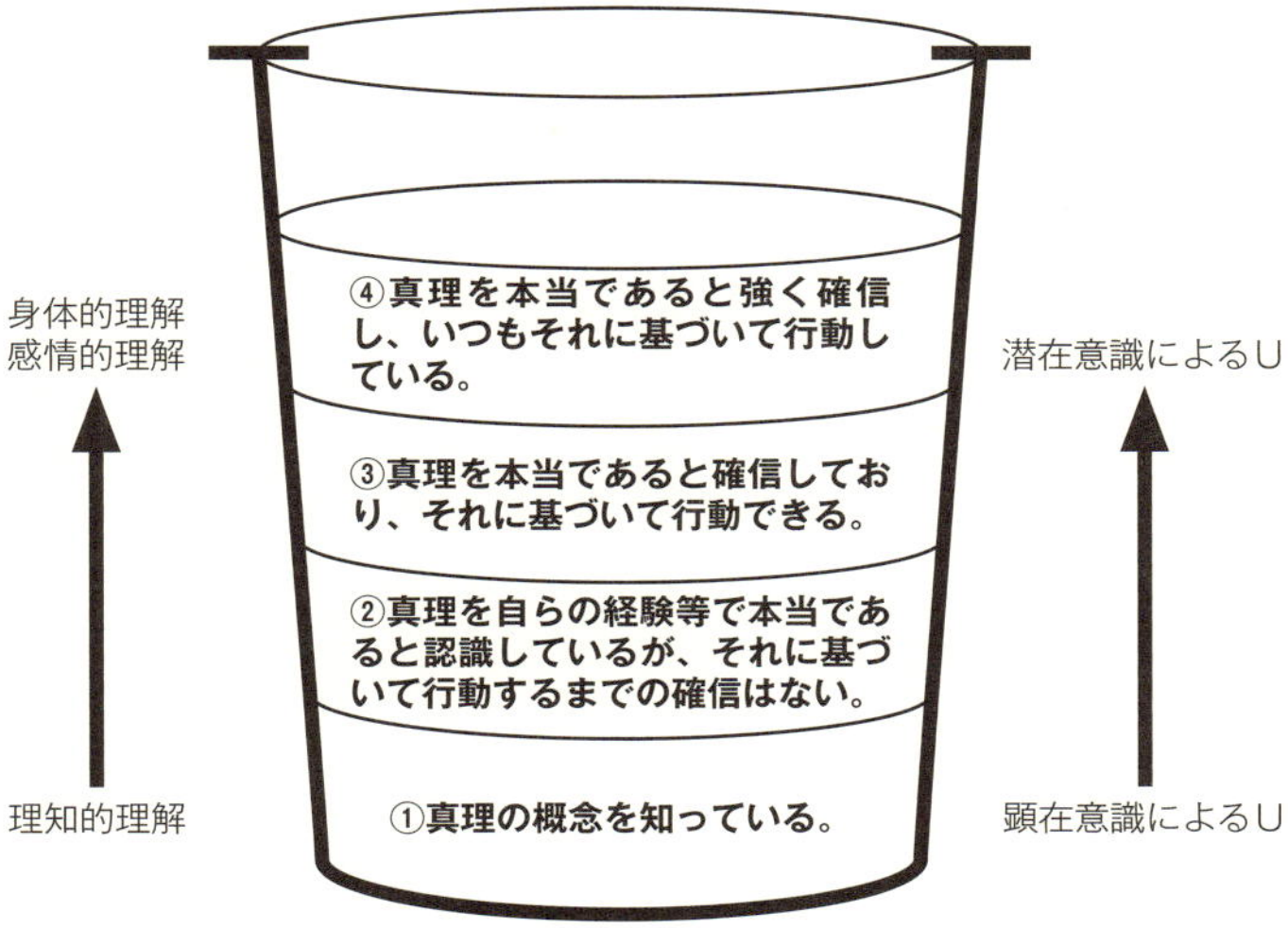
④真理を本当であると強く確信し、いつもそれに基づいて行動している。
③真理を本当であると確信しており、それに基づいて行動できる。
②真理を自らの経験等で本当であると認識しているが、それに基づいて行動するまでの確信はない。
①真理の概念を知っている。
身体的理解
感情的理解
理知的理解
潜在意識によるU
顕在意識によるU

これは真理を体験等により本当のことであると分かってはいるが、あくまでそれは「本当のこと」という知識に留まり、それに基づいて行動を起こすほどの強い確信には至っていない状態である。

頭ではそれが正しいと分かっていても、その価値や重要性が十分理解されていないため、それに従うことはできないのである。これは、真理の形は分かっていても、その重さが分かっていない状態である。

第3のレベルは「真理を本当であると確信しており、それに基づいて行動できる」状態である。

この状態では、真理に基づいて意識的に行動することはできるものの、無意識で行動するには至っていない。その真理の実践や収穫は限定的であり、真理を試行している状態と言える。

第4のレベルは「真理を本当であると強く確信し、いつもそれに基づいて行動している」状態である。

この状態は、人が真理に対し全く疑いを持たず、真理の概念と価値を深く理解している状態である。このレベルにおいて、人は潜在意識の中で真理を理解し、無意識の内に真理に突き動かされて行動し、多くの収穫を得ることができる。

たとえるならば「万有引力の法則」という自然の法則を技術者が当然の真理と理解し、それを応用し、ロケットを打ち上げ、人を月面に送り出すようなものである。真理の実践により、とてつもなく大きな成果を生み出し得るレベルが、これである。

Uは頭だけで蓄えるものではない。私たちの身体や感情も無意識の内に真理や事実を理解している。

身体や感情に関わるUは、先に紹介した4つのレベルを段階的に登ることなく、スキップして高いレベルに到達してしまうこともある。これは頭で思考することなく身体や感情で感覚的に理解することで起こるのである。

ここで説明したように、**Uにはさまざまなレベルがあり、そのレベルの違いは、私たちの行動や結果を左右したり、決定づけたりしている。Uが高ければ成果も大きくなり得る**

が、Uが低ければ成果も小さくなってしまうのである。

さまざまな種類のU

Uにはさまざまな種類のものがある。会社においても「『会社の目的』に関するU」「専門技術に関するU」「コミュニケーションに関するU」「リーダーシップに関するU」などがある。人々には、その役割や業務に応じてさまざまなUが必要とされる。

一つの例を挙げて説明したい。ある女性が子供を授かり、母親として子供を育てるときに必要とされるUについて考えてみよう。

乳児を養うには、ミルクを飲ませて必要な栄養を与えたり、オムツ交換や入浴させることで衛生状態を良好に保ってあげるなどの「育児に関するU」が必要となる。母親は子供が生まれる前にはしたことがないことを出産後に経験し理解していくこととなる。

しかし、育児作業に関するUだけでは乳児を健康に育て上げることはできない。たとえ母親として務めるだけの体力があって、それらの育児作業のノウハウをしっかり備えていたとしても、子供を育てるときには「子供を愛するというU」が不可欠だからである。すなわち、「母親は子供を愛するべきである」という道徳上の真理についてのUが何よりも大切なのである。

「母親は子供を愛するべきである」という原則は、単に道徳的なものではなく、医学的な真理でもある。乳児が発育段階において「なでる」「微笑みかける」「抱き上げる」「話しかける」などの愛情を伴ったコミュニケーションを受けることは、良好に発育する上で不可欠であると医学的にも報告されている。この母性愛についてのUは道徳面のみならず、乳児の健康面でも重要なのである。

多くの母親は「子供を愛するというU」によって育児を実践している。母親の多くは子供を愛することは当然のことと思っているが、このUは先天的で本能的なものだけではなく、後天的なものとして母親になるまでに身につけたものである。

それはその母親が幼い頃、自身の母親から受けてきた愛情を通して理解したかもしれない。または他の母親が子供を愛し、その親子が幸福に暮らす姿を見ることによって理解したかもしれない。いずれにせよ、その女性はどこかで「子供を愛することの価値」をUとして蓄えたのである。

一方で、このUを持ち合わせていない母親がいることも事実である。これまで何らかの理由で、このUを蓄えることができなかった母親は、幼児虐待や育児拒否といった残念な行動を選択してしまうのである。

これらのことを考えると、母親が子供を育てるときには物質的なUのみならず情緒的なUや道徳的なUなどが必要であることが理解できる。それらのUが不足している時には、子供の成長にマイナスの影響を与えることになる。

会社組織の問題を考えたときその問題の根源的な要因は、インフラでも管理システムでもない。それは社員のUの不足にあると考えている。

母親にさまざまなUが必要とされるように、会社においても、さまざまな種類のUが必要とされる。**会社において最も重要なUは「会社の目的」についてのUである。これは人々の「方向性」や「やる気」を左右する根源的なUだからである。**会社の目的についてのUが高ければ、その他のUはそれによって引き上げられる。しかし、会社の目的についてのUが低ければ、その他のUは有効に活用されることがないのである。

Uの影響

Uのレベルを表す一つの指標は「行動」であると前に述べた。しかし、実際にはUが影響を与えるものはそれだけではない。次の8つのものはUによって影響され、場合によっては決定づけられている。**Uとは私たちの「力」と「方向性」の源なのである。**

〈Uが影響を与えるもの〉

1、考え　2、気持ち　3、行動　4、態度　5、習慣　6、能力　7、成果　8、人格

これら8つのものは、全てUにより影響を受ける。Uのレベルが高ければ高いほど、これらは豊かで好ましいものとなるが、Uが低ければ低いほど貧弱で哀れなものとなってしまう。

●考え

Uの一部は「考え」によって構成されている。また、逆にUが「考え」の一部でもある。私たちは全知ではないので全ての真理を理解してはいない。よって、私たちは間違った考えを少なからず持っている。Uに属する正しい考えは、私たちの持っている考えの一部であり、暗色鉱石の中に輝くダイヤモンドのようなものである。

私たちはUという口座に「正しい考え」を預け入れしていると同時に、日々遭遇する個々の出来事に対する「考え方」をその口座から引き出している。このような口座に蓄えられた貯金には「価値観」と私たちが呼んでいるものがある。すなわち、Uという口座には「価値観」という貯金が納められているのである。

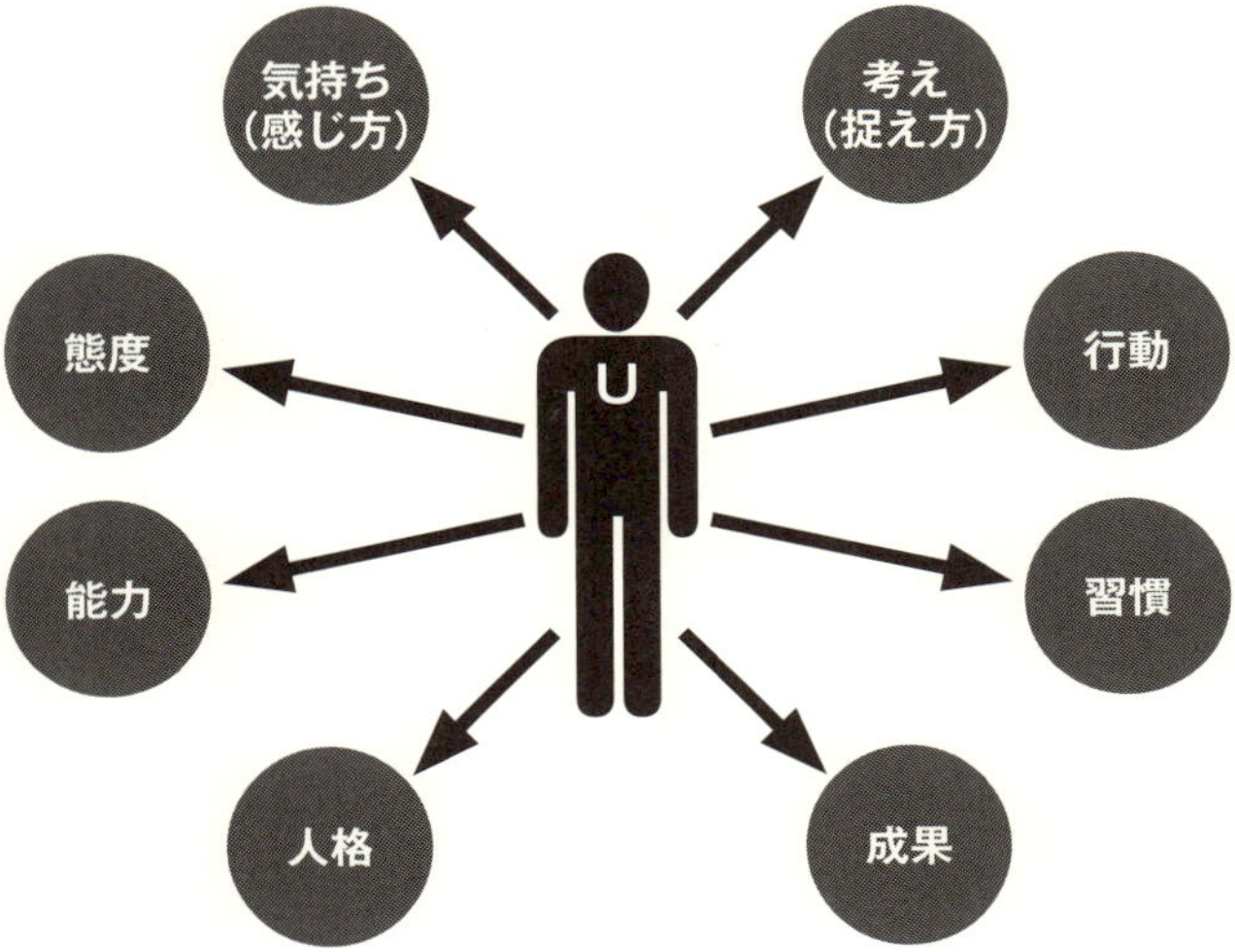

この貯金が少なければ、個々の出来事に対して正しい考え方を引き出そうとしてもなかなかできない。Uを高めるということには、真理に沿った価値観を築くことが含まれるのである。

●気持ち

「気持ち」とは自然発生する産物であるかのように考えている人々もいるが、「気持ち」とはその持ち主によって変えたり、正したりすることができるものである。現実に、同じ環境や状況に置かれた人々の抱く気持ちは人によってまちまちであり、好ましいものと好ましくないものとがある。これは明らかに外的因子をどのように受け止めるかという、各人の内的因子が関わっている。

公園で遊ぶ子供を見て、「かわいい」と感じるか「うるさい」と感じるかは、その人がどのように物事を理解しているかによる。

このような気持ちは、思考や価値観によってある程度変えることができる。しかし、**私たちは、思考だけでは気持ちを完全にコントロールできないことも経験により理解している。気持ちをコントロールするには、それを超えた何かが必要となる。Uについて学ぶことは、気持ちをコントロールすることを学ぶことになるのである。**

●行動・態度・習慣

ある人の「行動」「態度」「習慣」を観察したとき、その人のUのレベルが高いか低いかが分かる。

正しい行動を一度だけすることができても、相応しい態度で続けて行うことができなければ、その人のUのレベルは低い。しかし、相応しい態度で正しい行動を持続できるならば、その人のUは高い。

例えば、ある人が誰かにお礼を言うときに、イライラした態度で言うならば、態度と行動とが一致しておらず、マナーについてのUが欠けていることを表している。また、あるときはお礼を言い、あるときはお礼を忘れるようでは、やはりマナーについてのUが低いと言える。

私たちの影響力は「行動」だけではなく、「態度」や「習慣」によって決まる。私たちが人生において影響を受けた恩人や偉人を思い起こすときに、それらの人々には正しい「行動」とそれに相応しい「態度」と「習慣」があったのではないだろうか。そこにはファクターUの高い影響力があったのである。

●能力

「能力」というと知的あるいは身体的なものと捉えがちであるが、実際には私たちが有する能力はそれらにあてはまらないものも多い。

能力を限定的に捉えてしまう理由は、私たちが受けてきた教育によるところが大きい。私たちが受けてきた教育では、限られた事のみが評価されてきた。つまり、読み書きの能力や計算力などの評価軸によってのみ評価されてきた。そのため、能力というのは、テストや通信簿に数字として表れるものだけであると考えるようになったのである。

しかし社会に出るとそれらの能力は、極めて限定的であったことに気がつく。学生時代、落ちこぼれであった人が、要領よく顧客との契約をまとめたり、売上を伸ばしたりするのを目の当たりにする。仕事を遂行する時には、これまで評価されなかったさまざまな能力が必要になる。

私たちに十分意識されていない一群の能力として「心の能力」がある。この能力によって私たちの幸福や成功は大きく左右される。心の能力は「EQ」と呼ばれ、最近では一般に知られるようになった。


Uにより影響される能力とは、これまで限定的に捉えられてきた能力だけではなく、「心の能力」を含めたあらゆる種類の能力である。

●成果

「成果」の中でも特に外的な成果は、私たち自身の力のみで果たせるものではない。外的な成果とは、私たちが築く「富」「地位」「名声」「容姿」などといったものである。これら外的な成果は、私たちの「行動」と「境遇」が噛み合ったときにもたらされる。よって、外的な成果について「絶対」とか「必ず」と確約することは不可能である。

どれだけ知識と技能を高めて熱心に努めたとしても、不当に牢獄に閉じ込められるような境遇に置かれていれば成果を上げることはできない。また自身の努力が報われ、まさに成功を勝ち取ろうとしたその瞬間に、病に倒れることもある。

外的な成果はUや行動だけでは決定されない。Uが作用し得る境遇が望ましいとき、すなわち健康であり、権利や自由が守られているようなときに成果を上げることができる。成果とは次の式にあるように「U」と「行動」と「境遇」が掛け合わされたものなのである。

成果＝U×行動×境遇

しかし、Uは成果をあげる可能性を大きく広げる。世の成功者の多くを見れば分かるように、彼らは成功するに十分なUを備えていた。それであるから、彼らが語る哲学や知恵の幾つかは経験などにより裏打ちされた真理なのである。

●人格

私たちは「人格」について考えるときに、一つのことを明らかにしなくてはいけない。それは「人格とは変えられるものか、変えられないものか？」ということである。

ある人は「人格は生まれつきのもので変えられない」と言い、またある人は「変えられる」と言う。「部分的には変えられても、その核は変えられない」と言う人もいる。

では実際はどうなのであろうか。

ある人は「人格とは行動のパターンである」と定義している。簡潔で分かりやすい定義である。私たちの「行動」が集積したものが「習慣」であり、「習慣」が集積したものが「人格」ということである。

こう考えると、「行動」「習慣」「人格」とは連続的なものであり、「行動」や「習慣」が変えられるように、「人格」も変えられると理解できる。

「人格は変えることができない」という思い込みによって、多くの人が縛られ、人格を高めることをあきらめてしまったり、自分の悪い行いを正当化したり、人を裁いたりしている。しかし、**私たちはUを高めることで自身の人格をよいものに変えることができるのである。**

「多様性」に秘められた罠

ファクターU（理解）の対象が「真理」であることに、抵抗感を覚える人々もいるかもしれない。

「そもそも、真理は存在するのか」

「真理など、どうやって特定するのか」

「何が正しいかは、人によって異なるのではないか」

「もともと、善も悪も存在しないのではないか」

私はそのような人々に対して次のように尋ねたい。

「それならば、あなたは何の上に立っているのか」

「真理が存在する」という考えに立つか、「真理は存在しない」という考えに立つかで、行動や生き方は全く変わってしまう。また、「真理が分からない」ということと「真理は存在しない」ということは全く別である。

もし真理が存在しないというのであれば、家の屋根から飛び降りて「万有引力の法則」という真理の法則の有効性を試してみることもできる。**「真理がない」と言うならば「なぜ自然の法則にしたがっているのか」と自問してみるべきである。真理によって秩序正しく運行している世界の中で、真理がないと主張することほど矛盾した主張はないのである。**

現代は過去のどの時代に比べても「多様性」が受け入れられる時代である。交通手段やインターネットをはじめとする情報技術の発達によりグローバル化が加速した現代において、さまざまな人種・文化・宗教・哲学などが交流するようになった。このような時代において「多様化」は必然の結果とも言える。

しかし、多様化が進んだ時代にあって、私たちを捕らえる罠も存在している。それは「多様性」を「真理」に宛《あ》てがうことである。

私は多様性を否定しているのではない。多様性はさまざまな価値を生み出すからである。しかし、**真理に多様性の衣を着せることがあってはならない。真理は一つだからである。**

会社において会社の進むべき方向を決めるとき、その答えは一つでなくてはいけない。「決断」以前の議論において多様性は歓迎されても、決断する時点、その一点以降においては多様性をそこに同席させてはいけない。会社における決定は、会社の目的に沿ったものでなくてはいけない。

あなたは会議において、相手と議論を交わし合った後で、その人はこのように言うかもしれない。「あなたと私の考えは違うようですね。ですが、それは個性や考えの違いということで理解したらよろしいのではないですか」

これはとても穏便な議論の結びのように思えるかもしれないが、それでは十分とは言えない。会議を完結するためには、あなたは次のような質問をする必要があるだろう。「それで、どちらの意見を採用するのだ」

人々が好きな服を着ることは多様性として受け入れられるが、誰かの披露宴に出席するという目的が生じた場合は、それにふさわしいフォーマルな服装を選択しなくてはいけない。披露宴にTシャツ、ジーンズ姿は受け入れられないのである。

ある明確な目的が存在するときには多様性を締め出すか、制限する必要がある。「会社の目的は人によってさまざまである」などという矛盾を孕《はら》んだ考えは捨てるべきである。会社の根幹となる目的は一つであり、様々な二次的な目的はこのベクトルに載せるべきものなのである。

「論理性」に捉われすぎない

Uについてはさまざまなレベルがあると前に述べたが、Uを次のように2つに分類することもできる。

- **顕在意識による理解U**
- **潜在意識による理解U**

私たちは真理や事実を認識し理解するとき、単に顕在意識によって理解するのではなく、

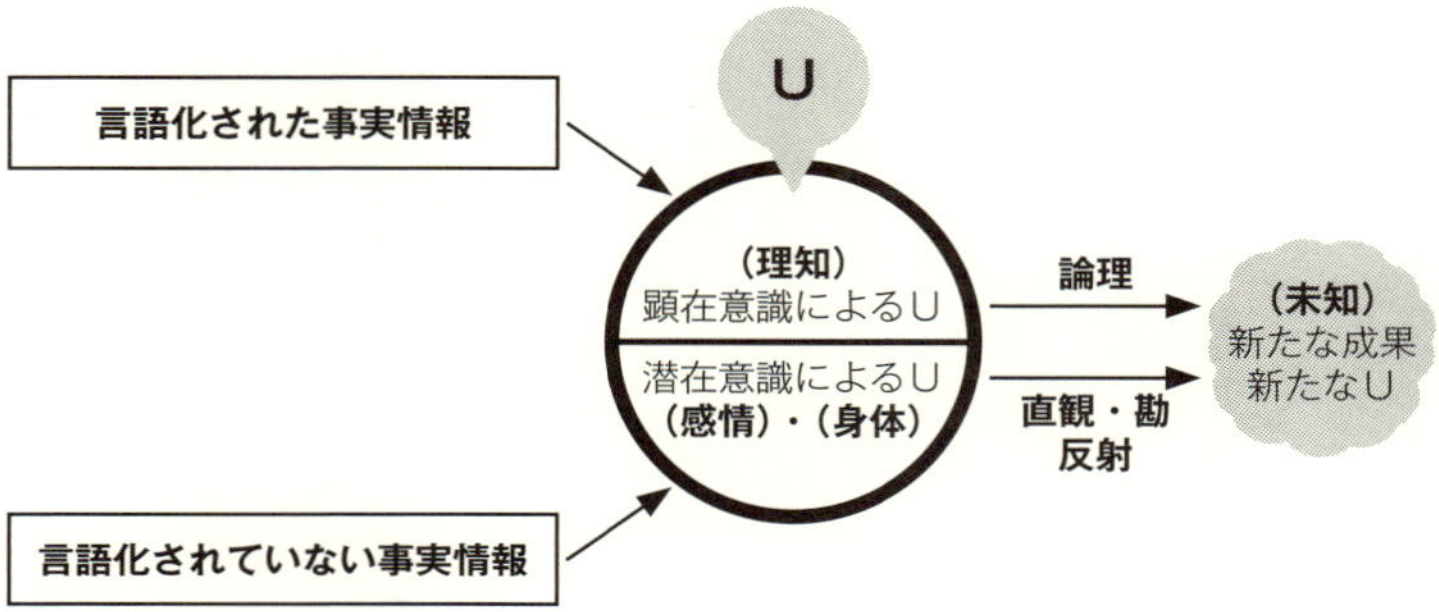

潜在意識によっても理解している。顕在意識によって理解するときには情報を一旦、言語化することで理知的に理解する。一方、潜在意識によって理解するときには非言語情報を五感によって認識し、身体的また感情的に理解するのである。哲学者マイケル・ポランニーが語ったように**「私たちは言葉にできるより多くのことを知ることができる」**のである。

顕在意識によるUは、私たちが理解する事実のほんの一部に過ぎない。一方、潜在意識によるUは、私たちに意識されていないが、多くの事実をカバーしている。

そして、顕在意識によって蓄えられたUは論理的なアプローチをサポートするのに対し、潜在意識によって蓄えられたUは勘や直観的なアプローチや身体的な反射をサポートする。

ある人々は事実を認識するにあたって論理性を重視しすぎる嫌いがある。物事が論理的な筋道によって繋がっていなければ、それを受け入れないという姿勢である。論理的な思考は大切であるが、論理的な解明がなされなければ物事を受け入れない、また行動を起こさないというのでは、Uを高め、成果を得る機会を逸してしまう。そもそも、論理的な事実認識は限られた情報を積み上げたものに過ぎない。

論理性を偏重するような人であっても、十分に解明されていない事実をそ知らぬふりをして受け入れ、使っているのをよく見受ける。それらの人々も無意識のうちに論理を超えて、直感と実践によって真実を認識し、行動を起こし成果を上げているのである。

「未知」という大海に浮かぶ「既知」という孤島に暮らす私たちは、論理的な思考に捉われ過ぎていては、いつまで経っても大海に漕ぎ出すことはできない。

論理的な思考はUを構築する上で役立つが、ある特定の論理的な筋道が解明されなければ真理を受け入れないという姿勢は、Uを高め、成果を得る上で障害となる。

「未知」という大海に臨む

私たちは「未知」なものに対して恐れを抱く傾向がある。それは自己の安全を守ろうとする人間に備わった当然とも言える防衛本能なのかもしれない。未知のもの自体は確かに危険を孕んでいる場合がある。しかし、逆に私たちにとって有益な価値を秘めている場合も多い。

未知を恐れる人は、未知に挑戦することに対して否定的であり、組織が未知へ向おうとするときにも大きな抑止力となる。

私たちは分からない物事に対して、実態以上に悪く想像し、恐れを抱いてしまう傾向がある。左脳による論理的な思考はほとんど機能せず、マイナスの感情が支配的になる。

中身の見えない箱の中に手を入れて、中にあるものを触って、それが何か当てるゲームを見たことがあるかと思われる。ゲームの参加者は箱の中に手を入れ、何かに触れるたびに悲鳴を上げたり、手を引っ込めたりする。そのとき参加者は恐れと不安で冷静さを失い、その表情や反応は中身を知っている人々には滑稽とも思えるほどオーバーなものである。

ゲームの参加者は少し冷静になって次のように考えたらよいのかもしれない。「このゲームの企画者は私たちにとって危険なものを箱の中に入れたりするだろうか?」。そのように考えれば、手に噛み付いて怪我をさせるような危険なものが箱の中にないことが分かるであろう。

このように未知ということは問題を巨大に見せたり、最悪に思わせたりするのである。

　ではどのように未知に対する恐れを克服し、それに向き合うことができるのだろうか。その方法を紹介したい。

〈未知の恐れを克服する方法〉

1、未知に関する事実情報を冷静に集め、頭で考え、行動すべきことを具体的に決める（感情で考えようとしない）

2、未知に向かうことで起こり得る問題を想定し、問題の回避策を設け、必要とされる犠牲を覚悟する

3、未知に対して行うべきことを行う（1で決めたことを実行する。複雑に考え過ぎず、シンプルに行動する）

4、未知に対して挑戦する機会を重ね、未知に慣れる

5、未知により得られる果実の価値を心に抱く

　未知に挑戦することに慣れている人々は、さまざまな未知に対して共通の対処法を心得ている。すなわち、彼らにとって**直面する個々の未知については、確かに未知ではあるが、未知一般の対処法については既知なのである。**彼らは未知に向かうとき、前向きかつ冷静に未知を解明し理解し、成果を上げていく。

会社にとって重要なUは、未知の対処法についてのUである。そのようなUを持つ人材を採用することは会社にとって有益である。採用面接で、志願者に対して「かつて何でもよいから新しいことに挑戦した経験があるか？」と聞いてみると、その人が未知の対処法をどれだけ知っているか理解できる。きっと彼は先に挙げた「未知の恐れを克服する方法」について幾らか分かっているはずである。

未知に幾度か挑戦することで恐れを克服した人々は、未知により得られる果実の味をよく知っている。それであるから、彼らは未知に向かうとき、ただ単に未知にどう対処したらよいか心得ているだけではなく、未知に挑戦することで得られる果実の甘さをイメージし、それによって動機付けられワクワクするのである。

未知に挑戦することについてのUとは、「未知の対処法」と「未知の価値」の両方に対する理解なのである。これはあらゆる未知に向かうときに活用できるUである。そして、これは目的についてのUとも繋がりがある。

「未知」に向かう人は、「既知」に向かう人が想像できないほどの偉大な成果を持ち帰ってくる。大西洋の果てという未知に向かって船出したコロンブスは将来最も繁栄を極める新大陸を発見するに至った。

会社組織において未知を恐れ、しり込みする人々は多い。彼らは未知への恐れをさまざまな形で表す。例えば、生産的でない業務に固執したり、新しいことを始めようとする人々を批判したりするのである。

新しいことを行おうとする人々はきっと彼らの強い抵抗に遭うことだろう。彼らは未知に挑む人々に対し「リスク」という言葉を用いて水を差そうとする。しかし、「どのようなリスクがあるのか」と聞き返してみると、彼らはその実体を答えられない。

彼らの言う「リスク」とは未知に対する「漠然とした不安」に過ぎないのである。冷静に「リスク」について考えてみると、それらリスクは恐れるに及ばないものか、問題の回避策を十分講じられるものであることが分かる。

実際のところ、会社にとってリスクを恐れて未知に挑まないことほどリスキーなことはない。

「未知」はある人にとっては「壁」であるが、ある人にとっては「扉」なのである。未知を扉と認識する人だけが扉のノブを見い出し、扉を開けてその向こう側に行くことができるのである。

第4章　ファクターUが社員と会社に与える影響

ファクターUが「痛み」を「喜び」に変える

会社とは「痛み」の多い場所である。もしあなたが会社員であるならば、職場にいるとき少し周りを見回してもらいたい。そこは人々の「活気」と「喜び」に満ち溢れた場所だろうか、それとも「ストレス」と「倦怠」に支配された場所だろうか。

会社の痛みと一言で言っても、その形はさまざまである。過労・落胆・不安・悩み・ストレス・苛立ち・悲しみ・意欲減退・欲求不満・体調不良・精神疾患・退屈などである。

私はこれまで会社における「痛み」についていろいろ考えてきた。

「痛みの原因は何か」

「どのようにしたら痛みを取り除くことができるのか」

そして、これから述べるような「答え」を見い出した。ここでは、会社における痛みをどのようにしたら喜びに変えることができるかについて話したい。

●痛みを抑える

第1章で紹介した厚生労働省の調査報告(「平成19年度 労働者健康状況調査」)に、「職場に強いストレスを感じている労働者は全体の58％である」というものがあった。これは多くの会社が痛みに支配された場所であるということを如実に表している。

そして、この調査結果は、このストレスの内容についても次のように報告している。

「職場に強いストレスを感じると答えた58％の人々が、ストレスの内容として挙げた上位3項目」（複数回答可）

1位「職場の人間関係の問題」……………38・4％

2位「仕事の質の問題」…………………34・8％

3位「仕事の量の問題」…………………30・6％

これらストレスの内容について見るとき、職場のストレスについて一つの共通した傾向が見えてくる。**職場におけるストレスの共通した傾向とは「ギャップ」である。人々は、自分の職場や仕事においてギャップを感じているのである。**

それは職場における上司と部下などの人と人との間にある心のギャップであり、仕事をするときに感じる、自身の力量と与えられた仕事の質や量との間にあるギャップであり、自身の価値観と会社の企業風土との間にあるギャップである。

このようなギャップが人々にストレスをもたらしているのである。これらのギャップを取り除くことができれば、痛みは和らげられるはずである。

私はこれまで会社におけるさまざまな問題の原因は、正しい目的の不在にあると説明してきた。そして、ここでは痛みの原因が「ギャップ」であると述べている。これら2つは別個のものではなく、繋がりを持った一つのものなのである。

会社に属する人々が「会社の目的」をはじめとする真理について十分に理解していないときに、さまざまなギャップを生じ、それらのギャップが人々に痛みをもたらすということである。すなわちUの不足が痛みの原因となっているのである。

私は人々の痛みがUとどのような関係にあるか考えたときに、次のような相関があることに気がついた。

痛み＝仕事負荷÷U

この式の示すことは、「痛みは人の受ける仕事負荷が大きくなるのに伴い増えていき、Uが高くなるのに伴い減っていく」ということである。

この式を職場の状況に当てはめてみると、意味することがもっとよく理解できる。例えば、残業時間が長くなり業務内容が複雑になると（仕事負荷が増えると）、人のストレス（痛み）は増えることになる。しかし一方で、もし人が仕事について、その目的や意義をよく理解していたとしたら（Ｕが高ければ）、もしくは業務について経験があり、仕事について十分な技能を修得していたとしたら（Ｕが高ければ）、ストレスは抑えられる。

痛みは仕事負荷が増えると増大し、Ｕが高まれば低減する。

これは単純な関係式である。しかし、多くの会社では、社員のＵを考慮せずに会社側の必要に応じて仕事負荷が決められるため、大きな負荷が人に与えられ、痛みが増大してしまうのである。

では、どのようにしたら痛みを取り除くことができるのだろうか。

それにはまず、人の痛みをモニターする必要がある。そして痛みをモニターしながら、その人のＵに配慮し、その人に与える仕事負荷を調整してあげるのである。

痛みをモニターするといっても、痛みのゲージがその人のどこかに付いているわけではない。痛みはその人の示す「表情」「声の調子」「しぐさ」などといった「態度」や「言動」によって表れる。

したがって、それらのサインを見逃すことがないようにその人に対して関心を持ち、しばしば時間を共にする必要がある。

会社において人々の痛みが増え続ける理由は、そのような痛みの状態やUのレベルを気にかけることなく、仕事負荷だけが与えられるためである。

●喜びを増し加える

ここで「痛み」と対極にあるもう一つのファクターについて考えてみよう。それは「喜び」というファクターである。

痛みは抑止力にはなるものの、駆動力にはなりえない。痛みを取り除くことができても、それだけでは大した生産性は期待できない。たとえブレーキペダルを踏むのを止めたからといって車は前に走り出さないであろう。駆動力になり得るものは喜びである。人は喜びを感じるときに自ら行動するのである。

次の式は、喜びが何によってどのように増減するかをイメージとして表した式である。

喜び＝仕事負荷×U

人の喜びを増減させるものは、痛みを増減させる要素と同じ仕事負荷とUである。

この式で注目してほしいことは、痛みは抑止力、喜びは駆動力であるが、相反するこれら2つの要素が、仕事負荷を大きくするときに高められることである。

仕事負荷は痛みを高めると同様に喜びをも高めるのである。

例えば、今取り組んでいる仕事を天職と思っているような人は仕事に喜びを感じているものである。プロスポーツ選手などは仕事を喜びとし、出場機会という仕事負荷が増えれば増えるほど喜びが増していく。

これは私たちが仕事負荷を痛みにも喜びにも変えられることを表している。

そして仕事負荷とUが結びつく時に、喜びは大きくなる。人が仕事の価値や目的や対処方法などについての真実を深く理解しているときには、仕事が大きな喜びに変わるということである。**喜びは、仕事負荷が増えるとき、またUが高まるときに増大する。**

●心の残高をプラスに変える

このような個人の心における、「痛みと喜びのバランス」を、私は「心の残高」と呼んでいる。次の式は心の残高を表したものである。

心の残高＝喜び－痛み

（心の残高＝仕事負荷×U－仕事負荷÷U）

心の残高がマイナスにあるときは、痛みが喜びよりも大きく、抑止力が駆動力よりも強く働いている。

逆に、心の残高がプラスにあるときは、喜びが痛みよりも大きく、駆動力が抑止力よりも強く働いている。

心の残高がプラスの時に、人々はイキイキと働くことができ、自発的に行動することができる。

では、心の残高に対して、仕事負荷やUはどのような影響を及ぼすのだろうか。

仕事負荷について考えると、仕事負荷が増えるとき、痛みは増大し、喜びも増大する。よって、これはブレーキペダルとアクセルペダルを同時に踏み込んだ状態になり、車はスムーズに前へ進むことができない。**すなわち、仕事負荷だけを増やすことは心の残高を無条件で高めることにはならないのである。**

Uについてはどうだろうか。Uが高められるとき、痛みは減少し、喜びは増大する。よって、これならばブレーキペダルを踏むのを緩めて、アクセルペダルを踏み込むことになり、車は前に進むことができる。すなわち、**Uを高めることは心の残高を無条件で高めるのである。**

多くの経営者やマネージャーが社員の自発性を引き出したいと思っているが、なかなかできないでいる。多くの社員がもっと仕事をワクワクするものにしたいと思っているが、それもできていない。

一部の経営者やマネージャーは、社員に仕事を沢山与えれば、社員は経験を積み、仕事に愛着を持ち、仕事を意欲的にこなすようになると期待しているかもしれないが、実際はその逆である。過剰な仕事は人に痛みをもたらし、喜びや自発性を奪ってしまうことが多い。

これは多くの人々が仕事負荷のみに着目し、それを大きくして人の状態を変えようとしているためであり、Uを高めることを考えないと同時に、Uを高める方法について理解していないためである。

Uを高めれば、痛みを抑え、喜びを大きくし、心の残高をプラスにできる。すなわちUが鍵なのである。

われわれは心の残高やUを心に留める必要がある。そうすれば、これまで自分たちがアクセルペダルだと思って踏み込んでいたものはブレーキペダルであったと気づくことであろう。Uについて着目しそれに取り組むことは、今まで踏み間違えていたブレーキペダルをアクセルペダルに踏み変えることなのである。

人の行動というものは心の残高によって大きく左右されている。たとえどんなに仕事をしようとしても、心の残高がマイナスであれば、実のところその人の創造性はあまり発揮されていない。義務感や責任感というもので意識的に頑張ろうとしても、このマイナスの心の残高は、その人の潜在意識にブレーキをかけてしまっているのである。

会社において、人々のイキイキとした感情や喜びがあまり感じられないのは残念なことである。「仕事は遊びではない」と言う人もいるが、仕事を遊びのように夢中になってすることができれば大きな成果が得られるはずである。

多くの人々にとって、仕事は「職業（Occupation《オキユペイシヨン》）」ではあるが「天職（Vocation《ヴオケイシヨン》）」ではない。しかし、子供の頃「将来、君は何になりたいか」と聞かれたときには、自分の思い描く将来の夢を語ったのではないだろうか。私たちは子供の頃、持っていた楽天的な世界観、自身の真の可能性と将来についての明るい「理解」を取り戻すことで、仕事を天職に変えることができるのである。

ファクターUが「損失」を「収益」に変える

これまで会社に属する個人の「痛み」と「喜び」そして「心の残高」について述べてきた。これらの要素は、個人のみならず会社の業績に対しても影響を及ぼし、会社の損益を「痛ましいもの」や「喜ばしいもの」に変えていく。会社は、短期的には社員を酷使し、好業績を上げることができても、長期的には社員の痛みはやがて会社の業績を悪化させていく。

人の「痛みと喜びのバランス」を「心の残高」と表現したが、この「心の残高」はやがて会社における「損失と収益のバランス」すなわち「損益」に影響を及ぼしていく。社員の痛みは損失に繋がり、喜びは収益に繋がるのである。

したがって、Uは損益に対しても、心の残高と同様の働きをする。すなわち、Uが高ければ、損益はプラスに振れる（損失は小さくなり、収益は大きくなる）。一方、Uが低ければ、損益はマイナスに振れる（損失は大きくなり、収益は小さくなる）。

そして、心の残高において「仕事負荷」はUが作用する対象として、痛みや喜びを増減させていたが、**会社の損益においてUが作用する対象は「資金」や「インフラ」や「シス**

テム」などといったものである。これらをUが作用する「事物」と呼ぶことにしよう。「事物」とはUが作用し得る有形・無形の対象物であり、心の残高に対する「仕事負荷」と同じ役割を会社の損益に対して担うものである。

そのように考えると、会社の「損益」「損失」「収益」「事物」は人の「心の残高」「痛み」「喜び」「仕事負荷」と同じ次のような相関を持つこととなる。

損益＝収益－損失

（損益＝事物×U－事物÷U）

例えば、技能（U）を持った大工は、上質の工具（事物）を持ち、豊富な建築資材（事物）を与えれば立派な家を建てることができ、お金（収益）を稼ぐことができる。一方、技能の低い大工に良い工具や豊富な資材を与えても、まともな家を建てることができず、その高価な資材は無駄になり、損失が発生してしまう。

会社においても、社員一人ひとりの「U」によって、会社の損益は左右されることが分かる。会社の損失や収益は、そこで働く個人の痛みや喜びと同じ相関関係にあるのだ。**たとえ会社が資金やインフラを豊かに持っていても、それらをうまく取り扱うUがなければ損益はマイナスに振れる。逆にUが高ければ、資金やインフラが僅かであっても損益はプラスに振れる。**

企業の真の姿は捉えづらいものである。会社の実態を表すもの、会社の行く末を示すものを見極めることは何と難しいことだろうか。この会社は健全であるのか、それとも病んでいるのか。財務諸表を調べてみても、そこに示される数字は会社の影でしかない。

経営者やマネージャーをはじめ多くの社員は自社の実態を読み解くことができないので、正しい処方箋を切ることも、問題を解決することもできないでいる。

多くの人々は自社の問題に取り組むとき、その原因を見誤って、間違った大袈裟な対策を取ってしまう。問題の原因が「人」にあるのか「システム」にあるのか「インフラ」にあるのか。見極められないため、的外れな対策を取ってしまうのである。

多大な資金を投じて大規模なインフラ整備を行ったり、社内ルールを無意味に複雑化したり、不要な新規部門を設置したり、他の会社を買収したりといった具合である。

会社における取組がUではなく設備などの事物に集中してしまうのは、Uは無形で取り組みづらいのに対し、事物の多くは設備投資などのように有形で取り組みやすいためではないかと考える。それら事物が有形であるため、それが問題解決に寄与したかどうかは別として、対策を実施したという事実を自他共に印象づけやすいのである。

一方、Uは人々の内面で起こる無形のものであり、対策を施したという形が見えづらいと同時に、結果もすぐに現れない場合が多い。よって人々はUではなく、事物に集中してしまう。

これまで説明したように、**会社に収穫をもたらすものはUである。Uが高いときに事物は本当の意味で収益を生み出す「資産」になり得るが、Uが低いときには事物は損失を生み出す「負債」になってしまうのである。**

Ease《イーズ》ではなくPeace《ピース》を求める

会社の状態はそこで働く個人にさまざまな形で影響を及ぼし、その人の「心の残高」を左右する。しかしそれを全て会社の責任にすることは正しくない。なぜなら、どのような影響を会社から及ぼされたとしても、それらを如何に受け止め、行動するかは、私たち個人で決められるからである。

それは、ヨットがいかなる風や波を受けても、帆の張り方と舵の取り方によって進むべき方向を決められるのと同じである。会社からの影響を受けて会社に盲従するか、それとも反対に影響を及ぼして会社を動かすかは、その人自身による。私たちがどのように考え行動するかで、私たちが会社の僕《しもべ》になるか、それとも会社の主《あるじ》になるかが決まるのである。

そして「僕になる人」と「主になる人」には、次のような傾向的違いがある。

・僕になる人とは、Ｅａｓｅ（安楽）を求める人である

・主になる人とは、Ｐｅａｃｅ（平安）を求める人である

ここで、「イーズ（安楽）」と「ピース（平安）」という言葉の定義づけをしっかりとしておきたい。

まずイーズとは、文字通り楽で心配がない状態を表す。リスクを避け、負荷を無くした状態である。これは静的な状態であり、冒険・試練・挑戦・逆境・ストレスなどとは無縁の状態である。

私たちは時として骨折って危険を犯すよりも、ただ安全で楽な状態でありたいと望むことがある。まさしくそれがイーズの状態である。

一方ピースとは、価値あることを達成したときに得られる喜びに満ちた状態であり、試練や逆境に立ち向かい挑戦しているときに得られる心の充足である。別の言葉に置き換えるならば、「喜び」「達成感」「充実感」などの言葉で表すことができる。

ピースを求める人々の例としては、「オリンピック選手」などがふさわしい。オリンピック選手はメダルを獲得するために、過酷なトレーニングに耐え、若き日々の諸々の楽しみを犠牲にし、スポーツ競技に打ち込む。時として、疲れや重圧を感じながらも挑戦し続ける。このような選手はピースを求めている。ピースとは動的な状態から得られる安らぎ、心の安定なのである。

時々私たち自身を振り返って、「私は今、イーズを求めているか。それともピースを求めているか」考えてみると、そのどちらかを求めていることに気がつく。また同様に職場で働く人々を眺めてみると、その言動からどちらを求めているかを知ることができる。

私たちはイーズとピースの両方を求めている。あるときはイーズを、あるときはピースを求めている。このようにイーズとピースのどちらをどれだけ追いかけるかを日々選択しているのである。

ただ、イーズを求める傾向が強い人と、ピースを求める傾向が強い人に分かれるように思われる。オリンピック選手や起業家などは明らかにピースを求める人たちであり、官僚

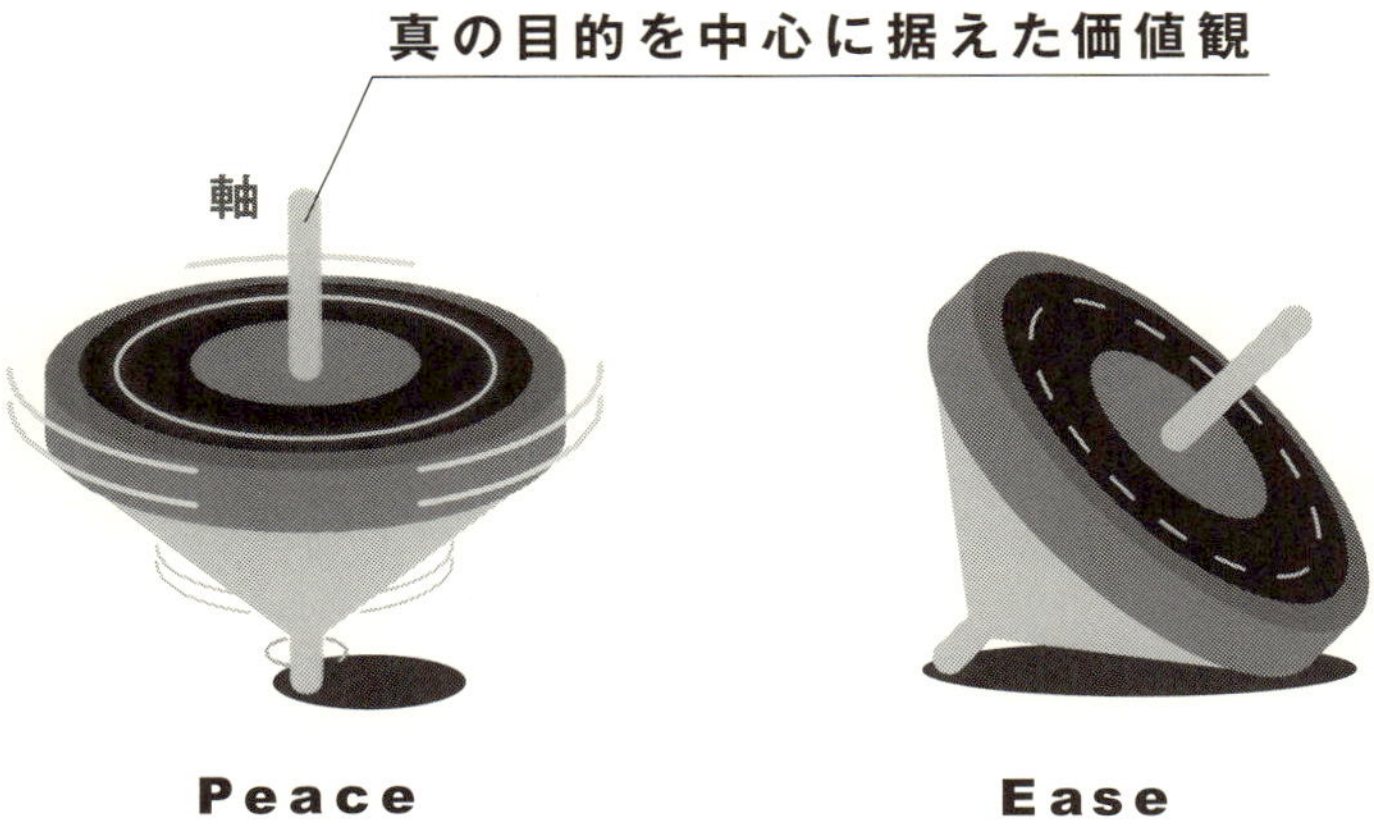

的な人々はイーズを求める人たちである。

これらの2つのタイプをコマにたとえると分かりやすい。

イーズを求める人は「静止したコマ」であり、ピースを求める人は「回転するコマ」である。

どちらのコマも安定した状態を保とうとしているが、止まったコマは静止することで安定を保とうとする。

一方、回転するコマは回り続けることでバランスを取り、安定しようとしているのである。

回転するコマはあたかも真っ直ぐ静止しているかのように立ち、止まっているコマが見せない美しさを見せるものである。

●ピースはイーズに優る

では私たちにとって「イーズ」と「ピース」、どちらが幸福な状態であろうか。「どちらとも言えない」と言う人もいるだろう。しかし、この質問には明確な答えがある。そして、その答えを裏付ける証人もいる。

「イーズ」と「ピース」のうち、真の幸福な状態とは「ピース」である。そして、その証人とはピースを求める全ての人々である。

全ての人々はイーズを経験している。これは私たちが仕事を終え帰宅したときに、ソファーに寝転がってテレビを見たりするだけで簡単に経験できるものだからである。全ての人々はイーズを知っているのである。

ところが、ピースとなると誰もが経験済みということではない。ピースは極限られた人々だけが経験できる聖域なのである。

登山で言うならば、ピースとは山頂に上り、その山頂からの美しい景色を眺めながら感じる充足・喜び・達成感と言ってよい。単に山の麓から山頂を仰ぐのとはわけが違う。多くの人々は山の麓から山頂を眺めることはできるが、山頂からの荘厳で美しい風景を眺めることができる人は極僅かである。このように山頂を制覇した登山家とは、自身の膨大な運動エネルギーを高い位置エネルギーに換えた人なのである。

ピースを経験した人々は、イーズもピースもその両方を知っている。それでいながら、彼らはより犠牲を要するピースを求める。それは**「ピースはイーズに優る」**ということを深く理解しているからなのである。ピースの価値、すばらしさは、ピースを経験した人にしか分からない。

現に、ある成功者たちは富や名声を十分過ぎるほど獲得したにも関わらず、止まることなく走り続けている。このことは成功者たちが富や名声を超えたピースの価値を理解しており、ピースがイーズよりも遥かに幸福な状態であるということを示しているのである。

●Uが目的意識とピースをもたらす

ピースとは価値ある達成に向う過程で得られるか、または達成した状態で得られるものである。ピースがこのような動的な取組の産物であることから、ピースを求める人々を回転するコマにたとえた。

回転するコマには中心となる軸が必要となる。これが曲がっていたり、中心からズレていれば、安定的に回ることはできない。同様にピースを求める人々にも、その中心を貫く真っ直ぐな軸が必要である。この軸こそが「真の目的を中心に据えた価値観」であると考えている。

保険会社の営業開発インストラクターであったアルバート・E・N・グレイの残した秀逸な論文「成功者の共通点(原題「THE COMMON DENOMINATOR OF SUCCESS」)」に記された次の言葉は、これまで述べてきた「ピースを求める人々」と「イーズを求める人々」との違いを、「成功者たち」と「成功していない人たち」との違いで表現している。

成功者たちの共通点は、成功していない人たちが嫌がることを実行に移す習慣を身につけているということである。彼らにしてみても、必ずしも好きでそれを行っているわけではないが、自らの嫌だという感情をその目的意識の強さに服従させているのだ。

グレイは、成功者たちが成功していない人たちの嫌がることを実行に移すことができるのは、「目的意識の強さ」にあると言っている。それについて私は次のように自身の考えを付け加えたい。

「目的意識の強さ」は、ファクターUによってもたらされる。

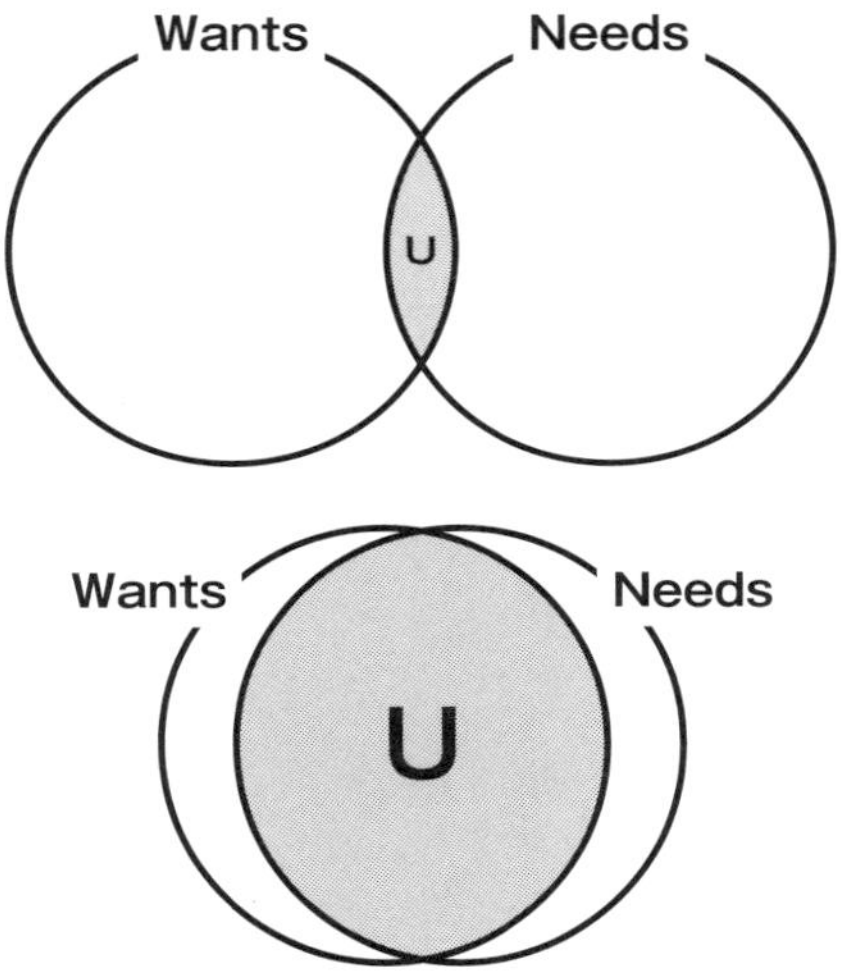

●Ｕはニーズをウォンツに変える

人々は常に自分の**「やりたいこと（ウォンツ）」**、すなわち欲求を感じながら生きている。同時に**真理のもとで人々が成功や幸福を得るために「やる必要のあること（ニーズ）」**も認識している。

人によっては「ウォンツ」に引きずられすぎて「ニーズ」がほとんどできないでいる人もいる。これはウォンツとニーズのズレによる。

例えば、麻薬の中毒患者などは、この２つが甚だしくズレた状態にある。頭では、麻薬は健康のためによくないと分かっており、止める必要（ニーズ）があると思っていても、どうしても止めたい気持ち（ウォンツ）にならない。

これを図に描いて表わすと前頁の上の図のようになる。ウォンツとニーズを示す2つの円がほとんど重なっていないのである。残念ながらこのような状態では、幸福で健康的な生活を営むことも、成功するために建設的に働くこともできない。

一方で、麻薬をとることはよくないと認識し、またそれらをとらないことで楽しく暮らせるという経験を多く重ねてきた人は、頭で分かると同時に、心や体でもそれらが有害で不要であることを理解している。

そのような人は「麻薬を取らないことが必要である（ニーズ）」と認識していると同時に「麻薬を取らない状態でいたい（ウォンツ）」と思っている。

この状態を図で示すと前頁の下の図のようになる。ウォンツとニーズを表す2つの円が大きく重なり合って、ニーズを行動に移す備えができている。このような人は成功や幸福に向かう条件を満たしている。

前者のように2つの円の重なりが小さい時はUが低い状態で、後者のように2つの円の重なりが大きい時はUが高い状態である。

Uを高めることが結果的にウォンツとニーズの2つの円の重なりを大きくし、幸福と成功を得る条件となるのである。

第5章　Uを高めるⅠ「Uと感情と行動」

Uの3つの側面

Uにはさまざまな側面がある。もう少し詳しく説明すると、**私たちは「理知」「感情」「身体」という3つの側面で真理や事実を理解しているということである。**

一般的に私たちが「理解」という言葉を使うときには「頭で物事が分かる」という理知的な理解に限定して使うことが多い。しかし、これまで本書で説明してきた「ファクターU」とは、単なる理知的な理解ではない。

●理知的Uだけでは行動できない

そもそも真理や事実に基づいて行動を起こすには頭で理解しただけでは不十分である。私たちはその行動がよい結果に繋がるという確信がなければ行動を起こさないものである。その行動が多くの犠牲や労力やリスクを伴うものであればなおさらである。

頭で分かっていても行動できない例は沢山ある。

例えば、ある医学生はさまざまな医学書に記された知識を頭に詰め込んでいるが、経験不足であるため患者を前にすると萎縮して治療することができない。患者の出血を見よう

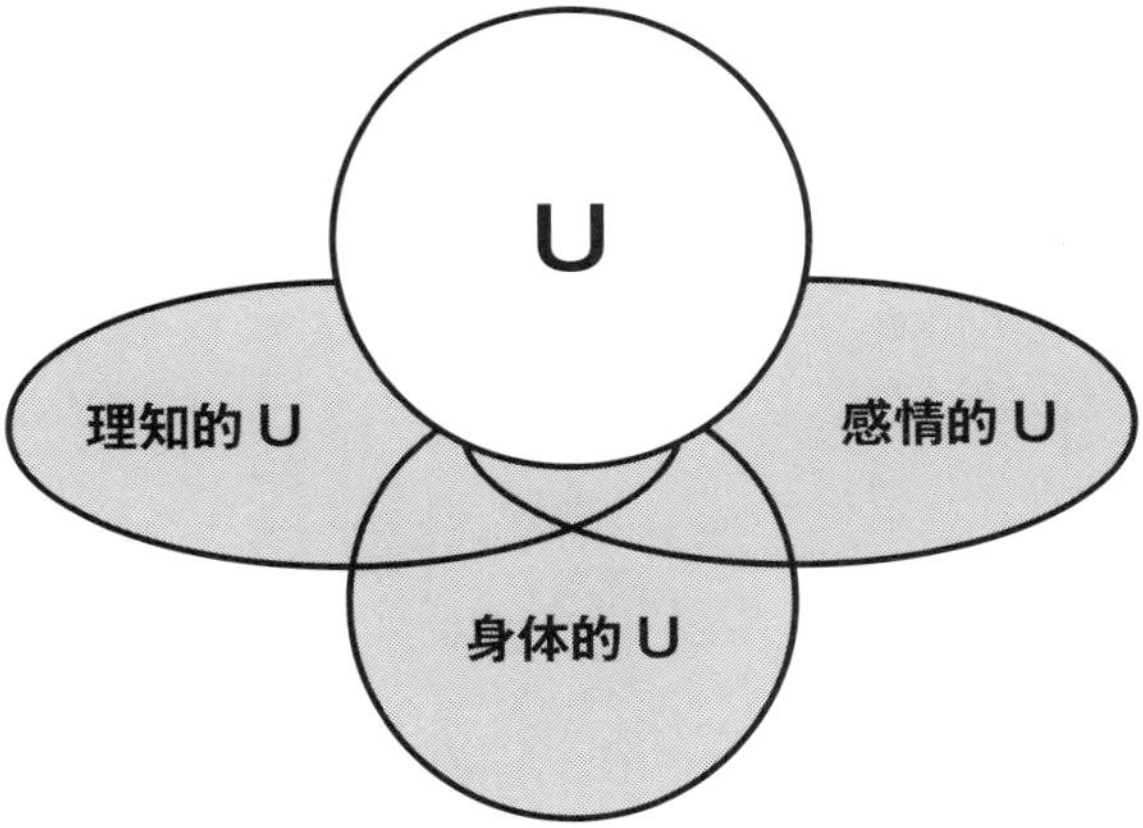

ものなら固まってしまう。指導員である医師が治療するよう指示しても医学生は躊躇して治療できないのである。これは頭では何が正しいか分かっていても、身体的また感情的に理解できていないのである。

また、ある人は極めて短気であり、家族や友達と良い関係を築くためには自分の短気を直さなくてはいけないと頭では分かっていても、なかなか怒りを抑えることができない。これも理知的にはすべきことを理解していても、感情的に理解できていないケースと言える。

このような「理知的」「感情的」「身体的」理解Ｕのいずれかが不足していることが、総合的Ｕのレベルを左右しているのである。理知的Ｕは机上で得られるかもしれないが、身体的Ｕや感情的Ｕは机上では得られず、現場での実践によって得られることが多い。

それであるから、Uを高めようとするときには、Uのどの側面が欠けているかを理解して取り組む必要がある。

●身体的Uが生命を支える

私たちが生命を維持していく上で必要不可欠な身体機能は、身体的Uに依存するところが大きい。私たちの身体は何十兆個もの細胞によって構成されている。それら一つひとつの細胞は外界からの刺激や情報を認識し対応する機能を備えている。

私たちの身体は個々の細胞や器官のみならず身体全体としても、内外の事実を認識し、記憶することで、意識的また無意識的に健康と安全を保つよう働いている。呼吸したり、くしゃみをしたり、瞬きをしたり、といったことは理知的Uや感情的Uによって要不要を判断する以前に身体が欲することで行われる。

この状態は図Aのように表される。理知的Uと感情的Uのそれぞれの円が真理の円に重なることなく、身体的Uの円のみが真理の円と大きく重なり合っているのである。

これは身体的なUのみで真理を理解し、理知的Uや感情的Uは真理を理解していない状態を表している。この図において、Uの円と真理の円が重なるとき、Uは高く、真理を深

図A

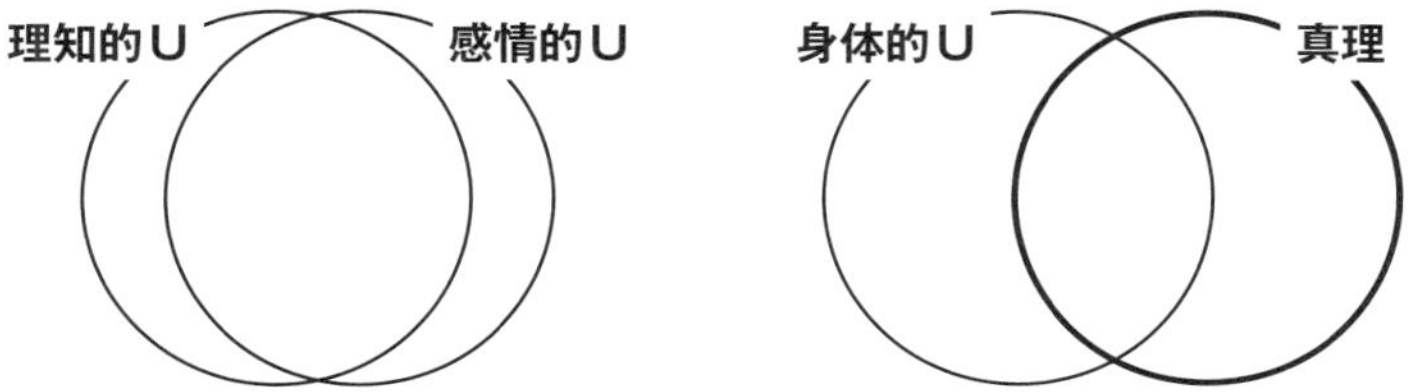

く理解している状態であると理解してもらいたい。

このような身体的Uによる意識的また無意識的な身体の働きによって、人は生きていけるのである。

●身体的Uの決定を左右する理知的Uと感情的U

しかし、身体に関わる事柄が全て身体的Uによって無意識的に行われているわけではない。医学的な情報や栄養学的な情報を理解している人は、身体に有益な事柄を理知と感情で理解し、意識的に判断し、実践することができるからである。

例えば「健康のためには早寝早起きと十分な睡眠が必要である」という真理の実践は、身体的Uのみならず理知的Uと感情的Uによって行われる。

ある人は夜10時に眠気を感じ、身体的Uが今眠ることが健康維持のために必要であるとその人に知らせるとしよう。

するとその時に、その人は最近読んだ雑誌で「早寝早起きと十分な睡眠が健康と美容のために大切である」という記事を思い出し、理知的Uが身体的Uに同意し、早寝早起きを後押しする。
ところが、そのとき好きなテレビ番組が始まり、その人は今眠るよりも起きていたいという欲求に駆られると、そのような低い感情的Uが早寝早起きという真理の実践を妨げてしまうのである。このような状態は図Bのように表される。

図B

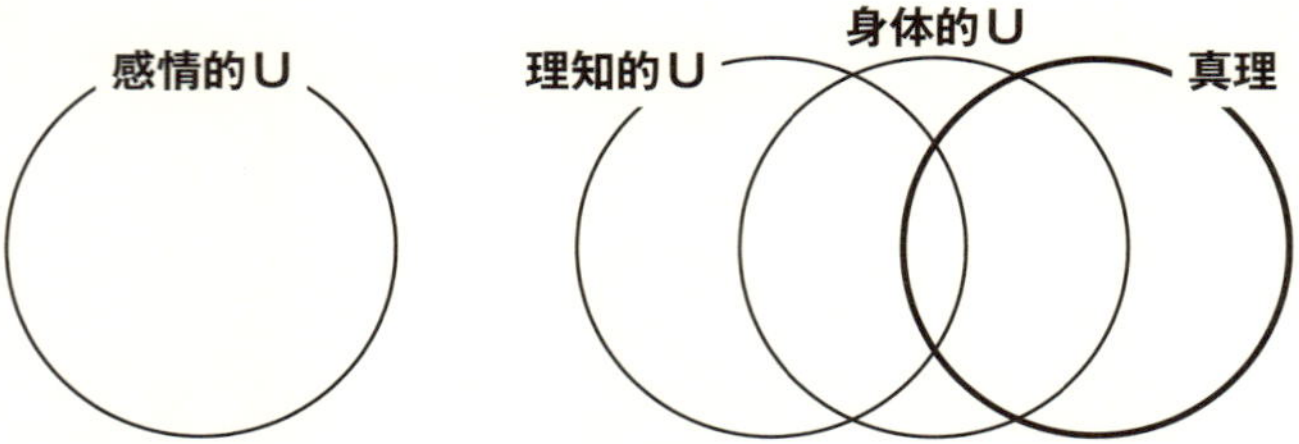

まず最初に身体的Uが「眠気」というシグナルを出して、その人に今眠ることが健康のために大切だと教えてくれる。もし日頃から不規則な生活をしていれば、身体的Uは正しいシグナルを適切な時間に発しないであろう。このケースでは眠気が適時に生じていることから、身体的Uは高く、身体的Uの円と真理の円が大きく重なり合っていると言える。
そして雑誌から得た情報により、早寝に同意する理知的Uの円も真理の円に幾分なりとも重なっている。
しかし感情的Uは早寝早起きの大切さを理解しておらず、テレビをみることを優先してしまうので、感情的Uの円は真理の円と乖離した状態となり、早寝は実行されないのである。

図Ｃ

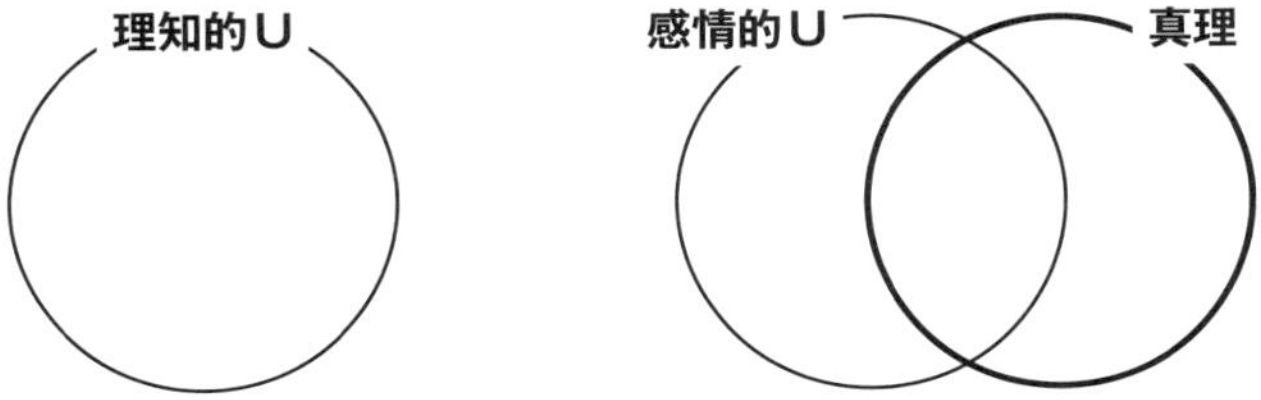

●感情的Ｕによる行動

さまざまな側面のＵのズレには次のような例もある。ある３才の女の子は夜寝る前にお母さんのほっぺにキスをして「ママ大好きよ。おやすみなさい」とささやく。この女の子は誰からも「母親を愛し、その愛情を示すことが大切である」という真理を言葉で教えられたわけではないが、他の家族の人々が示す態度に触れ、見よう見まねで感情の赴くままに真理を実践しているのである。

このような状態は図Ｃのように表される。理知的Ｕの円は真理の円と乖離している一方で、感情的Ｕの円が真理の円と大きく重なり合っているのである。ここでは身体的Ｕはあまり関与しないため身体的Ｕの円は敢えて記載していない。

この幼児のケースは、理知的Ｕに依存せずに感情的Ｕのみによって行動が引き起こされているというものである。これは、子供が真理を理解し実践するときによく見られるパターンである。

図D

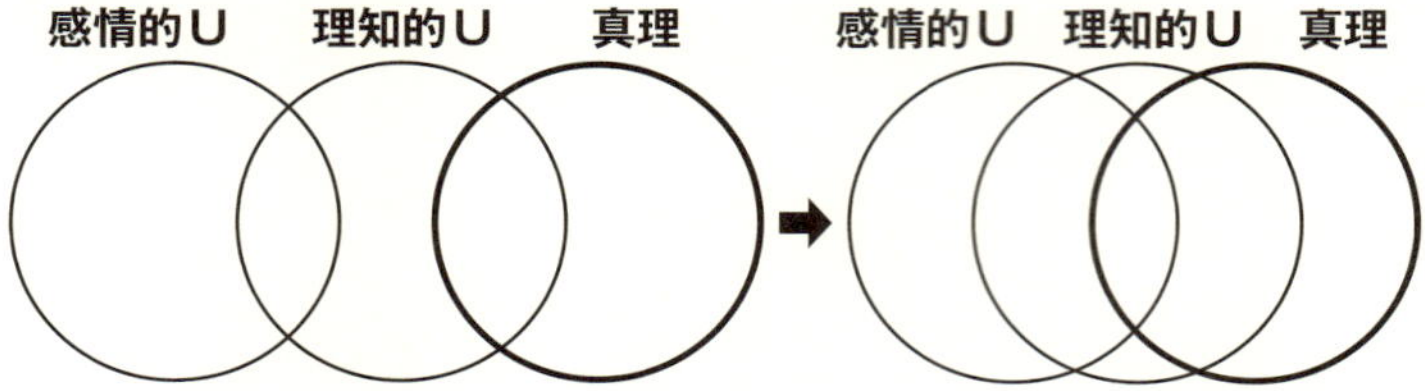

●理知的Uが感情的Uを誘導する

一方、幼児のケースとは対照的に、人がUを高めるときに次のようなパターンをとることもある。次の図Dは大人によく見られるパターンである。ここでは真理をまず理知的に理解し、次に感情的に理解するのである。

大人は真理を心で受け入れる前に頭で理解しようとすることが多い。時として大人にとって頭で分からないことを心で受け入れることは困難だからである。

例えば、「あるヘビが毒を持つ危険なヘビである」という事実を理解するためには「それは何という名前のヘビか」「そのヘビはどんな形や色をしているか」「そのヘビに噛まれると、どんな症状に襲われるか」「過去に噛まれた人はいるか」などという情報を集めて、その事実を理解しようとする。

そして、「そのヘビが危険な毒ヘビである」という事実を「怖い」という感情と共に理解するのである。

この場合、理知的Uは感情的Uに先行して事実を捉え、感情的に理解するための下地を作る。すなわち理知的Ｕが感情的Ｕの誘導係となるのである。理知的Ｕの円が真理の円に近づき、重なりを作り、それから感情的Ｕの円が真理の円に近づき重なりを作っていくのである。

●感情的Ｕが行動を決める

これまでに示した図において、それぞれのＵの円と真理の円との重なりの総和が総合的Ｕの高さである。しかし、私たちの行動は単に総合的なＵの高さによって決まるわけではない。それは、さまざまな側面のＵが行動に対して異なった影響力を示すからである。

これまでの説明で気づいたかもしれないが、感情的Ｕは理知的Ｕに比べ行動に対する影響力が大きい。たとえ、次の図Ｅのように理知的Ｕが高く、理知的Ｕの円と真理の円が大きく重なっていても、感情的Ｕが低く感情的Ｕの円と真理の円との重なりが無ければ、真理を実践することは困難である。感情的Ｕは理知的Ｕに比べてはるかに行動を左右する権限を持っているのである。

先程の幼児の例にあるように理知的Ｕが低く、理知的Ｕの円と真理の円が乖離していても、感情的Ｕが高く、感情的Ｕの円と真理の円が大きく重なっていれば、図Ｆのように、高い感情的Ｕによって私たちは突き動かされて行動を起こすことができるのである。

図 E

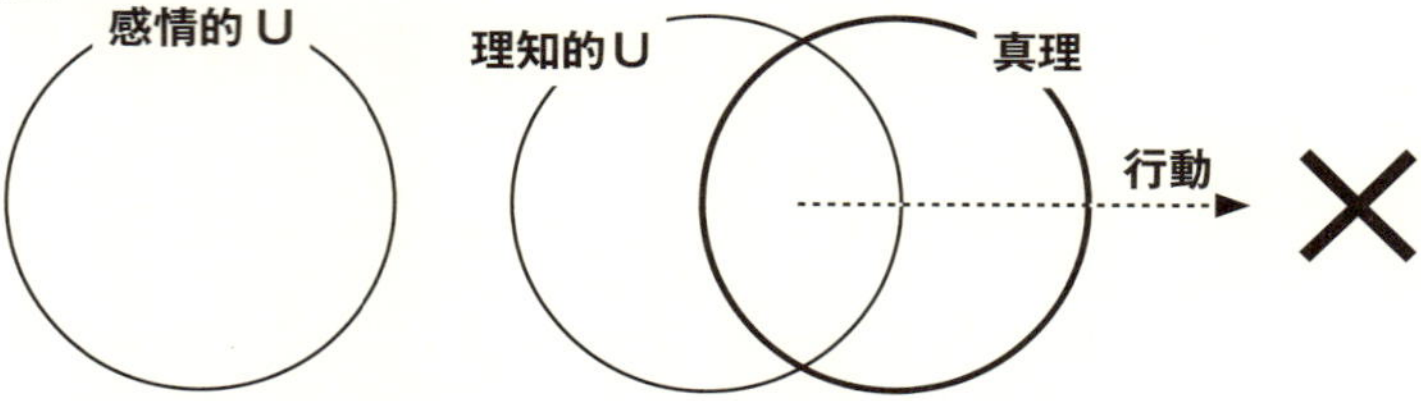

図 F

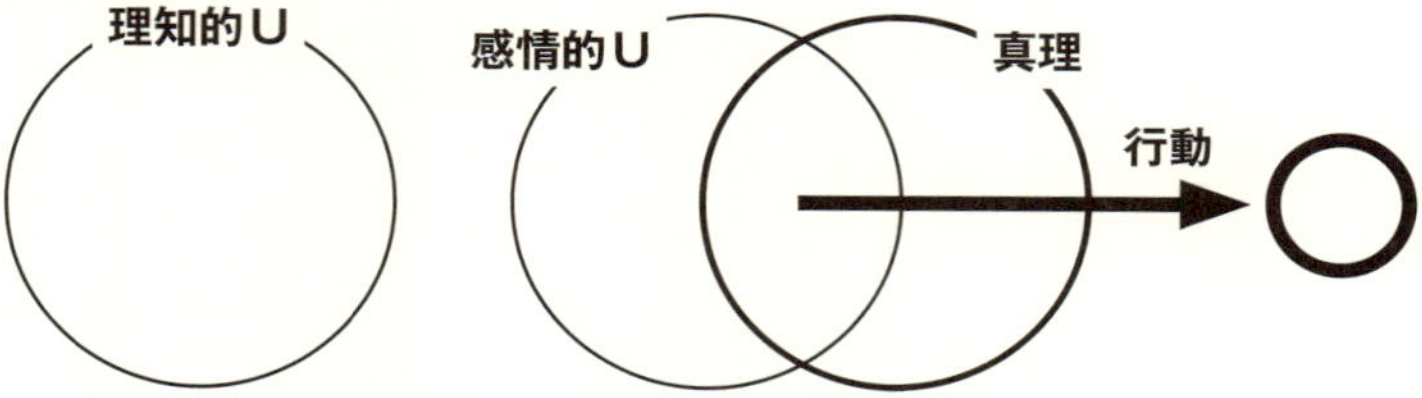

したがって、**「私たちは感情的Uによって行動している」**といっても過言ではない。それであるから**物事の価値を深く理解するということは、感情によって理解するということなのである。**

●3つのUの役割

これまで述べてきたように、真理を理解するということには「理知的U」「感情的U」「身体的U」という3つの側面がある。そして、**真理を実践するためには、どの側面のUが欠けているかをしっかりと見極めなくてはいけない。**

相手の感情的Uが低い場合には、理詰めの説得が的外れな場合もある。そのようなときは、時間をとってその人の不安や不満を聞き、励ましを与えたり、わだかまりを取り除く必要がある。

理知的Ｕを高めるアプローチと感情的Ｕを高めるアプローチには意外なほど大きな違いがある。理知的Ｕに対するアプローチでは、言語化された事実情報や論理性などが必要とされ、感情的Ｕに対するアプローチではユーモアのセンスや共感性などが必要とされる。

これまでＵの３つの側面について説明する中で、特に理知的Ｕや感情的Ｕが身体的Ｕに対して大きく役割が異なっていることに気づかれたかもしれない。

それは、身体的Ｕがその時々の局所的な物事に対処するのに対し、感情的Ｕや理知的Ｕは過去・現在・未来といった時間的広がりの中で大きな視野に立って、俯瞰的に物事を捉えて決断を下すことができるからである。

身体的Ｕが最前線で任務に当たる兵隊の役割を担うのに対し、感情的Ｕや理知的Ｕは全体の戦況を眺めながら大局的に判断を下す司令官や士官の役割を担うのである。よって、大きな価値や長期的な計画に関わるような事柄は感情的Ｕや理知的Ｕの役割となる。

これまで図によって示してきた幾つかの事例において、身体的Ｕを除いて感情的Ｕと理知的Ｕのみで真理についての理解を説明してきたのは、大きな判断や意思決定では身体的Ｕが関わることがないからである。

本書のテーマである「目的志向」といった大きな価値に関わる内容は明らかに感情的Ｕ

や理知的Uによって扱われるものである。本書ではこれからも目的や価値観についての理解を扱っていくため感情的Uと理知的Uについてさらに詳しく述べることとなる。

私たちの目的志向は感情的Uと理知的Uを高めることでもたらされる。そして**特に感情的Uを高めることが、私たちが目的に沿って行動を起こす鍵となる。**

「感情」という名の秘められたエンジン

私たちが「知っていること」「できること」そして「すること」にはズレがある。このズレは、前述したUの3つの側面における「レベル」の違いによって生じてくる。特に目的や価値観について「知っていること」をただ知っているだけでなく、「すること」に変えるのは「感情的U」による。

先に述べたように「感情的U」は私たちの「行動」に対し絶大な決定権を持っている。私たちが頭で分かっていることを実行に移すには感情面での深い理解が必要となる。人に行動を起こさせたり、止めさせたり、変えさせたりするときには、その人の感情的Uを見極め、そこに働きかけなければならない。

そもそも「感情（Emotion《エモーション》）」という英語の語源を調べてみると、「外へ」を意味する

「E」と「動き」を意味する「Motion《モーション》」という2つの言葉から成り立っている。まさに感情とは「外へ向う動き」であり、「外界への行動を生み出すもの」なのである。

私たちが「感情」をどのように扱うかで、どれだけの「行動」を引き出し、それらの「行動」がどれだけの「成果」を生み出すかが決まってくる。「感情」とは行動を引き起こす力であり、新たな成果物を生み出すエンジンなのである。

「理知」が情報を扱うのに対し、「感情」は「情報」を「行動」に移し、そして「成果」に変えていく動力なのである。たとえるならば、「馬車」における「馬」の役割が「感情」であり、「御者」の役割が「理知」ということになる。

馬が弱っていれば、どれだけ御者が馬車を走らせようとしても馬車を走らせることはできない。また、馬が元気であっても、御者がまともに馬を御することができなければ、馬は暴走したり蛇行したりして危険な乗り物となってしまう。

しかし、馬が元気でよく躾《しつ》けられており、御者がしっかり手綱を握って馬を御すれば馬車は快適で有益な乗り物となる。「感情」と「理知」がバランスよく適切に機能するならば、私たちは高い生産性を生み出すことができるのである。しかし、多くの会社において社員の感情は有効に使われていない。本来、解き放たれるべき感情はないがしろにされ、十分その力が発揮されていないのである。

その理由の一つは、感情の所有者である社員が自ら感情の手綱を操って感情を走らせようとしないからである。

そしてもう一つの理由は、会社の経営者やマネージャーが社員に感情を解き放つことを求めないからである。

経営者やマネージャーは社員が感情を使うと、旧来から行っている命令統制による組織管理がやりにくくなるため社員が感情を用いないように、また感情を押し殺すように仕向けているのである。

彼らには社員の感情を抑圧しようと言う明確な意図はないかもしれないが、従来からの組織管理方法を硬直的に実践することで、結果的に社員の感情は無視され、開拓されずに、餓死させられているのである。

しかし、成功者や幸福を勝ち取った人々はイキイキとした感情を解き放って仕事やさまざまなことに取り組んでいる。画家・音楽家・俳優・芸人といった芸術分野に携わる人々にとって、感情は彼らの生み出す創造の源である。彼らの作品やパーフォーマンスを観るとき、彼らが感情という馬をイキイキと滑走させているのを目の当たりにするであろう。

芸術家に限らずビジネスにおいても、成功者は感情を有効に活用している。そして、感情を使わない人々と比べ、その仕事のスピードは速く、成果は大きなものなのである。

例えば、ある社員は経理部門の担当者から自分の進めるプロジェクト予算の許可をもらうために、膨大な資料を準備し、それを事細かに長々と杓子定規にその経理担当者に説明し許可を取るよう悪戦苦闘する。

それに対し、感情をうまく用いる別の社員は一枚のすっきりまとめた資料を担当者に渡して、にっこり微笑み「頼むよ。ジョー」と言って、すぐさま許可を取ってしまうのである。

このように感情をうまく用いる人は、他の人も自身の感情によって影響を与え動かしていく。行動をオン・オフするスイッチは感情の中にあり、そのスイッチはその感情の持主しか操作できない。よって、周りからできることは、その人の感情に影響を与えることなのである。

感情とは私たちの多くにとって、まだ未開拓な領域なのである。そこには、豊富なエネ

ルギーが埋蔵している。私たちの行動を起こす力、幸福や成功を生み出す力が、そこには眠っている。感情とはまさに私たちにとって豊かなエネルギーを蓄えた秘められたエンジンなのである。

「行動」がUを高める

私たちは如何にしてUを高めることができるのか。

私たちは実のところその答えをすでに持っている。なぜなら私たちはこれまで知らず知らずのうちにUを高めてきたからである。私たちは世に生まれてから現在に至るまでUを高め続けてきたと言ってもよい。

しかし、人によってUのレベルに違いがあるのはなぜだろうか。

それは、人々の取組の違いによるのである。「答え」を捜し求めてきた人は高いUを蓄えるが、「答え」を求めず漫然と暮らしてきた人は低いUのままなのである。

ではどのようなプロセスでUを高めることができるのか、説明したい。

次の「Uを高めるプロセス」を見てもらいたい。このプロセスで着目すべき点は、1、4、5のステップが事実に対する「行動」を要するということである。2、3については机上

Uを高めるプロセス

1. **事実情報を集める（五感を用いる）**
2. **事実情報を整理する**
3. **整理した事実情報をもとに真理の仮説を構築する**
4. **構築した真理の仮説を検証する（証拠を得る）**
5. **検証した真理を繰り返し応用する（多くの証拠を集める）**

➡「行動」を要する

ですることができても、1、4、5については机上ではできない。

「行動」はUを高める上で鍵となる。Uを高める人とそうでない人を分ける点が、行動である。行動する人はUを高めることができるが、行動しない人はUを十分高めることができない。

もし行動によって「4、構築した真理の仮説を検証する」ことがなければ、その情報を真実として信頼することができない。そのため「5、検証した真理を繰り返し応用する」こともできないのである。よって、ステップ4においても行動を渋る人々は、ステップ5においても行動を起こすことができず、結果的に行動力を失うことになる。

それではUを高めるプロセスを多く経験す

るにはどうしたらよいのだろうか。

その質問に対する一つの答えは、「場に身を置く」ことである。それは「事実の存在する場」また「事実が起こる場」にあなた自身を置くのである。これをある人々は「現場主義」と呼ぶ。

私たちは日々あまりにも多くの間接的な情報に囲まれて暮らしている。それであるから、私たちは精度の低い間接情報に惑わされて、いい加減な判断を下してしまうことがある。しかし、事実を真に理解したければ、事実情報を直に得ることが肝要である。

伝言ゲームのように、情報は人々やプロセスを経由すると歪められたり抜け落ちたりするものである。したがって、事実を知ろうとするときには、間接情報ではなく直接情報を求めることが望ましい。そのためには、事実が存在し、事実が起こる場に身を置くことである。

直接情報を集めることは、時間が掛かり、骨が折れることである。しかし、精度の低い間接情報を多く集めて正解を得ないまま行動するよりかは、たとえ少なくても直接情報を得て、それを根拠に行動するほうが遥かに有意義で生産的な場合が多い。結局のところ、間接情報を集める人はUや成果を得るまでにかなり遠回りをするか、それらを得られずに終わってしまうことが多い。

そして、間接情報は言語化された限定的な情報であるのに対し、直接情報は五感によって得られる非言語情報であるため、かなり豊かなものである。また、間接情報は顕在意識により受け止められるものが多いが、直接情報は顕在意識のみならず潜在意識により収集されるため、多くのことを無意識の内に記憶している。

現場に身を置き、直接情報を集める人は、潜在意識の中に蓄えられた豊富な情報をも活用することができる。このように潜在意識の中に蓄えられた情報は、その人の「直観」や「勘」に冴《さ》えをもたらすというわけである。

とはいいながらも、全ての事実情報を直接情報として得るのは難しい。例えば、初めてヨーロッパを旅行する人はヨーロッパの情報を事前に間接情報として集めるしかない。直接情報の方が間接情報よりＵを高める上で有効であるといっても、直接情報に拘るには限界がある。ではどうしたらよいのだろうか。

そのようなときには高いＵを持っている他者から伝承される事実情報を集めるのである。高いＵを持つ人の伝えるメッセージには事実の内容のみならず、その事実についての確信や重要性がその人の態度によってあなたに伝えられるはずである。

それだから、ヨーロッパを初めて旅行する場合は、ヨーロッパに何度か旅行した経験のある友人にそれに関わる情報を教えてもらうことが得策である。高いＵを有する人とのコミュニケーションの場を持つことは、あなたがUを高める上で大いに役立つ。

とは言いながらも、高いレベルのUを得るには、やはり自分自身で行動し、直接的に事実情報から何らかの証拠を得ることは不可欠なのである。

つまりUを高めるためには、次の2つの場にあなたを置き、事実情報を集めることが有効である。

〈Uを高める2つの場〉

1、Uを持つ人とのコミュニケーションの場……間接的に事実情報を得る場
→低いレベルのU（理知的U「顕在意識によるU」）を得るのに有効

2、事実の存在する場、事実の起こる場……直接的に事実情報を得る場
→高いレベルのU（感情的U・身体的U「潜在意識によるU」）を得るのに有効

これらの場で集められた事実情報をもとにUを高めるには、事実情報を得た後に行動を起こすことが鍵となる。その行動とは事実に触れるための行動、事実を検証するための行動、事実に馴染むための行動である。事実を頭で考えているだけではなく、事実に対して行動を起こすときにその事実を深く理解できるのである。

そのことを式で表すと次のようになる。

'Ｕ＝事物×行動×Ｕ

この式に示される「'Ｕ」とは高められた理解であり、「Ｕ」とはその人の高められる前の理解である。そして「行動」とは高められた「'Ｕ」を獲得するために事物に対してなされる行動であり、「事物」とは行動やＵが作用する対象物（事実も含まれる）である。

すなわち、私たちが新たな高い'Ｕを得るには、これまでに培ったＵをもとに行動を起こさなくてはいけないということである。行動により得られる経験は何よりもＵを高めるものなのである。

次の図はＵと行動との関係を表したものである。Ｕに基づいて事物（事実）に対してなされた行動は事物（事実）からの反応によって、より高い'Ｕを得る。そして、'Ｕは次の新たな行動を起こす原動力となり、これらが繰り返されることでＵと行動力は共に高められていくのである。Ｕの高い人に行動力が見られるのはこのためである。

また、「行動」はそれ自体からも「反応」を得ることもある。例えば、正しい価値観を実践するときには、事物（事実）から外形的な結果が得られなくても、「行動」自体が正しい

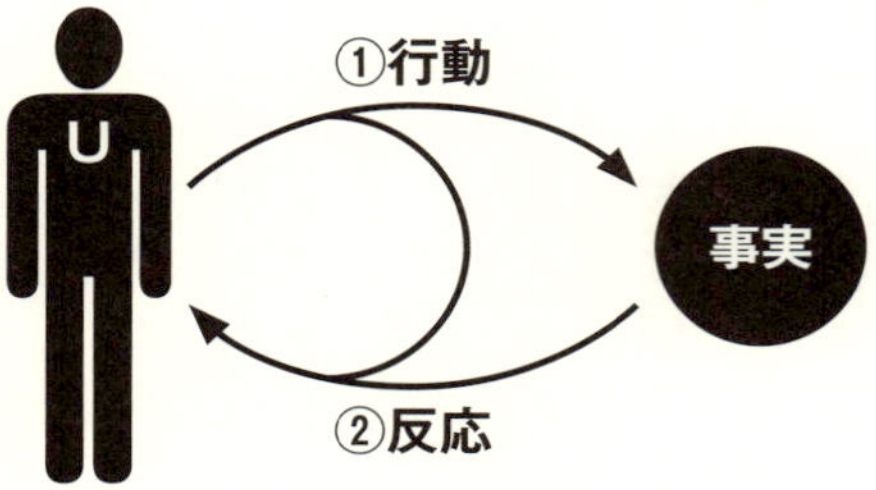

ことなのか、価値あることなのか、をその人自身の直観と良心によって感じ取ることができるのである。

●Uの動的維持の必要性

ファクターUが単なる「知識」と異なる点は、それが「理解の深さ」「確信の度合」といった量を扱っている点であると前述した。私たちの多くが知識について論じるときに、「知っているか」「知らないか」という二極的な論議に陥ってしまう。しかし、知っているということにはさまざまなレベルがある。私たちが分かっていると思い込んでいることの中にも実はよく分かっていないことも多くある。

そして感情的に深く理解している状態は静的な状態というより動的な状態である。感情による道徳的真理の理解は頭で分かっているだけでは不十分である。真理の原則を文字に書き表して、それを記憶しているだけでは、ファクターＵが高いとは言えない。

例えば、あなたがある友人と20年間連絡を取らずに久しぶりにその旧友に会ったとしたら、昔のような親密さを感じ、かつてのように接することができるだろうか。

たとえその友人を覚えていて認識できたとしても、また友人との楽しい思い出を記憶していたとしても、昔と全く同じようにすぐに親しく接することはできないのではないだろうか。これは感情によるイメージがかつてとは変わっているからである。

これと同じようなことがファクターＵついても言える。ファクターＵも知識の記憶以上のものである。ある道徳的な原則を記憶しているだけでは十分ではない。その原則に対して正しいイメージを感情で保持することが求められる。このイメージは動的なものである。

このイメージは時間が経過する中で、さまざまな経験を重ねる中で、揺さぶられ影響され変化する。このイメージを維持するためには、動的アプローチが必要なのである。すなわち、行動すること、考えを重ねること、感情を動かすこと（感動すること）である。Ｕは回るコマに似ている。回るコマを真っ直ぐバランスよく立ったままに保持するには回転運動を与え続けなくてはいけない。

Ｕを高め、高められたＵを維持するためには行動をはじめ、動的な働きかけが必要なのである。

「感情」というエンジンを動かすエネルギー

これまでの話から、「U」と「感情」と「行動」には密接な関わりがあることを理解した人もいるのではないだろうか。私たちは「感情」を動かし「行動」を起こすことで「U」を高めることができる。そして「U」を高めれば、大きな成果が得られるのである。

「ファクターU」とは、その持ち主に帰属するものである。したがって、あなたがたとえ高いUを持っていたとしても、それを他の人に直接分かち与えることはできない。あなた個人の理解や確信を、そのまま他者の理解や確信にすることはできないのである。つまり、あなたは他の人のUを直接的にどうこうすることはできないのである。それだから、他者の「感情」に働きかけ、「行動」を引き出し、「U」を高めて上げるのである。

そして「感情」に働きかけるときには「どのように感情に力を与えるか」という動力やエネルギーに関わる議論が必要となる。

書店に行って書棚に並ぶ数々のビジネス書や自己啓発書を見てみると、世の中にはさまざまな方法論が数多く溢れかえっていることが分かる。「成功」や「幸福」などの言葉と共

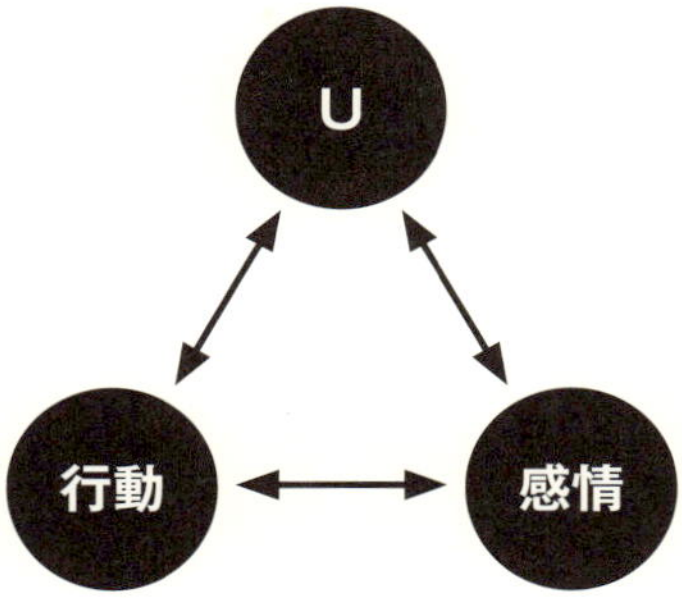

に、それを成し遂げるノウハウを提案する本が所狭しと並んでいるのである。

しかし、これらの書籍は、方法論について述べてはいるが、それら方法を実行する力やエネルギーについて述べている書籍は少ないように感じた。これらの書籍は「成功したければ～しなさい」とか、「幸福の鍵は～です」と言ったような内容がほとんどであり、それらは「べき論」であり、既に分かり切っている内容であったりもする。

問題は、「どのようにすれば成功できるか」「どのようにしたら幸福になれるか」ではなく、「どのようにしたら、それを為す力を得ることができるか」ということではないかと思う。

このようなエネルギー不足は会社においても見られる。「やるべきこと」は分かっていても実行を決意できない社員、決意はしても実行を先送りする社員、実行できても継続することができない社員は多い。これらは「やるべきこと」が分かっていないのではない、「やるべきこと」を実行するエネルギーが不足しているのである。

ただ、誤解してもらいたくないことは、私は決して方法論が不要であると言っているのではない。目的を果たすための道筋は必要である。

しかし、実際のところ、それ以上に不足しているのは、そのロードマップにしたがって車を走らせる際に用いるガソリンではないかと考えるのである。多くの場合、人々が行動を起こそうとするときに不足しているのは「感情」というエンジンを動かすためのエネルギーなのである。

外にあるエネルギー（環境が人を養う）

人類はこれまで文明の進歩と共にさまざまなエネルギーを開発してきた。

太古の時代、人類は人力に依存して生活していた。狩りをするにも、果実を取るにも人力のみで行なった。

それから、程なくして、「火力」を開発し、暖を取ったり、食べ物を調理したり、猛獣から身を守ったりした。

やがて農耕を始め、牛や馬などの「家畜の力」を活用し、水車により「水力」を、風車により「風力」を活用していった。

産業革命の時代には、「石炭」というエネルギーを活用し、蒸気機関車を走らせたり、工場の製造機械を動かしたりすることで、生活水準を高めていった。

そして、現代において石炭は「石油」へと置き換わり、産業のみならず人々の生活、全てが石油に依存したものへと変わっていった。そして、それに並ぶように「電力」が開発され、「電気」が人々の生活を明るく照らすエネルギーとして活用されるようになったのである。

このようにして人類は、かつては「人力」のみに依存していたが、現代は「石油」や「電気」といった自身の外にあるエネルギーを開発することで、飛躍的に文明を進歩させてきた。そして、現在においても新たなエネルギーの開発は我々の最も重要な課題となっている。

私たち人類がこのように新たなエネルギーを開発し文明を発達させることができたのは、私たちの周りに豊かなエネルギーが存在していたからに他ならない。宇宙にはエネルギーが満ち溢れている。惑星の公転も、地球の自転も、太陽からの放射エネルギーも全ては使い切れないほどの豊かなエネルギーなのである。

そのようにエネルギーが満ち溢れている中でエネルギーの不足を訴えるのは、美しい湖の真ん中に浮かぶボートの上に乗っていながら、喉の渇きを訴えるのと似ている。エネルギーは存在しないのではなく、活用されていないだけなのである。

私たちの感情が欲しているエネルギーも実のところ、私たちの内にあるだけではなく、外にあるのではないかと考える。

私たちの多くが行動を起こす力を自身の内に求め過ぎている。行動を起こす力はその人の「やる気」や「意志」の問題であると決めつけている。さもなければ、「思考」がそのような力を生み出す源であると言う人もいる。これらの主張は決して間違ってはいない。

しかし、私たちが行動を起こす力の全てを私たちの内に求めるのには無理がある。

人の行動は決して内にある力のみによってなされるものではない。だからといって、人は自身の行動をその人の内にある力で決めることができないと言っているのではない。ただ、人一人の内なる力だけでその人が真理の求めに従って正しく行動し続けることは難しいと言いたいのである。

これから述べることは**「自分自身を置くべき環境を選択することの重要性」**についてである。

「H_2O（水）」という物質が外界の温度によって氷・水・水蒸気と姿を変えるように、私たちの状態は外的環境の影響によって変わる。私たちの体も、その60％は水によってできていることを忘れてはいけない。

私の友人は英語を身に付けたいと思い、ラジオやテレビの英会話講座を活用し数年間学び続けたが、結果的に彼の望む程の英語力を身に付けることができなかった。しかし、仕事で米国の子会社への出向が決まり、現地に着くと僅か半年あまりで、彼の望む水準をはるかに超える英語力を身に付けてしまった。これは意欲や意思の問題ではなく、自身を置く環境の問題なのである。

成功者について学ぶときに、彼らの成功は意思や気力などの内的な力だけによるのではなく、彼らが自身をどのような環境に置くかという選択によるところが大きいことが分かる。

成功者は自分がこうなりたい、こうしたいというビジョンを持つと、それを果たしやすい環境に躊躇することなく身を投じる。そして、一度そのような環境に身を投じると環境が成功者たちを養い、トレーニングするのである。

ここで述べる「環境」には「人間」の存在も含まれる。私たちは自身の周りにいる人たちから良い意味でも悪い意味でも影響を受ける。よって、自分が身を置く場所にいる人々、また自分がこれから関わろうとする人々が、どのような人間であるかをしっかり吟味しなくてはいけない。

自分が接する人々がUの高い人たちであるならば、大いに影響され、自身のUを高めることができる。しかし、Uが低い人たちであるならば、影響されて自身のUを下げることになるかもしれない。

どこに身を置くかが重要な意思決定となる。人が行動するためのエネルギーはその人の内にあると同時に、その人の外にもある。人は自分の内にあるものと、外にあるものとを、反応させることで大きなエネルギーを作り出すことができるのである。

内にあるエネルギー

私たちの内にあるエネルギーは、感情というエンジンを動かす上では欠かせないものである。しかし、このエネルギーを増幅させる源は、極めて「あいまいなもの」である。

人の感情にエネルギーが供給されているかどうかは、その人の行動を見ればすぐ分かる。その人が困難な事柄に対してどのように行動するかを見るときに、エネルギーが十分供給されているかどうかが分かる。

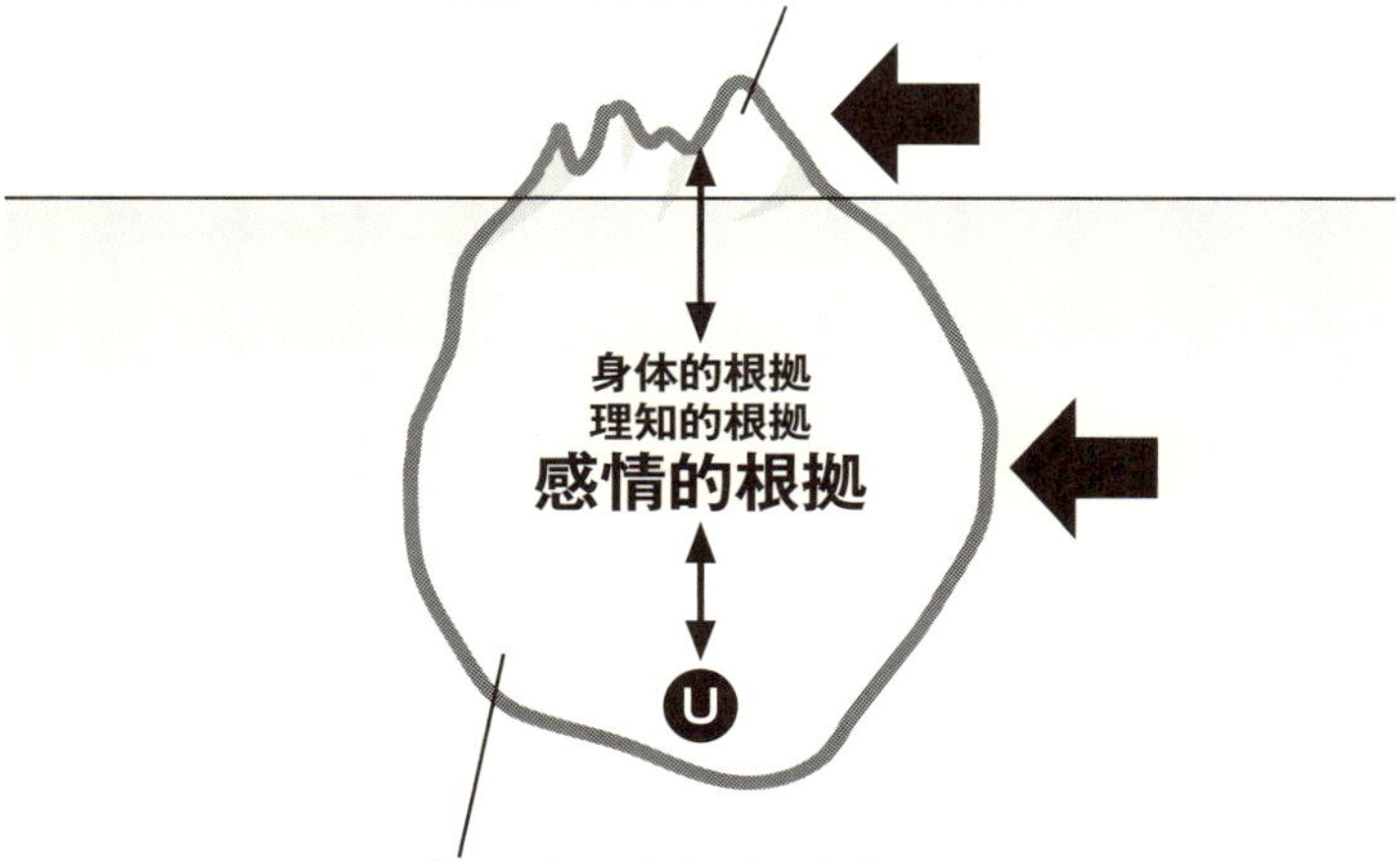

上に示す氷山の絵を見て頂きたい。ここに描かれている氷山の絵は「真理に沿った行動」と「真理に沿った行動の根拠」を表したものである。水面より上に出ている一角は「行動」であり、水面下の大きな部分は「行動の根拠」を表している。

真理に沿った行動にはそれを支える根拠というものが存在している。決して気まぐれだけでそのような真理の求めるニーズを実践しているわけではない。この水面下の大きな部分が行動を生み出す源なのである。

私たちは他の誰かを助け強めようとするときに氷山の水面上に表れる小さな部分のみに対して働きかける傾向が強い。しかし、**他の人の成長・成功・幸福のために何か助けたいと思うならば、氷山の水面上に表れる小さな**

部分のみに対して働きかけるのではなく、水面下の大きな部分に働きかける必要がある。すなわち、人の行動だけを変えようとするのではなく、人の行動の根拠に対して働きかけるのである。

この氷山の水面下にある大きな部分の一部を構成しているものは、これまでその人が築いてきたUと言える。Uがその人の行動の根拠となり、その行動を突き動かしている。しかし、Uだけでは、人が新たな領域に踏み出すには十分とは言えない。Uのみに突き動かされて行動しているだけでは成長することはできないのである。人は現在のUの外にある「未知の領域」に踏み出してこそ、新たな成果や新たな理解，Uという新境地を開拓できる。

よって、人が真理に沿って行動するときには、その人の持ち得るUのみならず、さらなるエネルギーの補給が必要となる。特に未知の事実や解明されていない真理に向おうとするときには、大きなエネルギーの補給が必要となる。

もし、私たちがこのようなエネルギー源について理解するならば自分自身のみならず他の人々を高めることができるであろう。世の中において人々を効果的に助けている教師・親・指導者・友人などは氷山の水面下の部分にうまく働きかけることができ、そこにエネルギーを供給する術を心得ている。

氷山の水面下の大きな部分の中心には感情がある。これまでも幾度か述べてきたように、人が行動を起こすかどうかについての最終的な決定機関はその人の「感情」である。この感情こそが、エネルギーを動力に変えるエンジンなのである。

感情は物事の受け止め方が「理知」とは異なる。理知的に価値があることも、感情的には価値がないと判断される場合もある。よって、真理の求める行動（ニーズ）を実行に移すには、その人にとってそのニーズが理知的に価値があるだけでなく、感情的に価値があるものとして認められなくてはいけない。

私たちが行う重要な決断は、私たちの理知ではなく感情によってなされている。このことは神経科医アントニオ・ダマシオによって報告されている。ダマシオは感情に関わる脳の部位に損傷を受けた患者が、知能には全く問題がなかったものの、意思決定や価値判断の能力が大きく損なわれてしまったことを報告している。

感情には、理知が判断できない価値を判断する力がある。時として感情によりなされる決定は物的合理性や損得勘定から大きく逸脱しているものの「間違いのない答え」として人々に無意識の内に受け入れられているのである。

例えば、結婚した夫婦は子供をもうけることを決め、子供が生まれたら愛情を持って育てることを当然のことと考える。しかし、このような人生における重要な決断は理知的な判断に依るのではなく、感情的な判断に依っている。もちろん、子供を養うために必要な養育費や住宅環境などを理知的に考えるかもしれないが、「子供をもうけ、愛情を持って育てる」という大きな決断は感情によってなされる。

子供を育てることに、どのような物的価値があるというのだろうか。損得勘定だけで考えるならば、そこには大きな出費が見込まれ、時間が割かれ、労力が必要とされ、損失ばかりである。もちろん、自分が高齢になったときに子供に養ってもらおうという考えがあるかもしれない。それならば、なぜ子供と契約書を交わそうとしないのだろうか。子供が老後の自分を養ってくれる保証などどこにもないではないか。

このようなことを考えると、人生の重要な決定には理知では説明のつかない感情による決定が多く見られる。これは人間の奇行だろうか。いや決してそうではない。**私たちが時として卑しめて檻の中に隔離しようとしてきた「感情」の中には、人にとって最善の「答え」が隠されているのである。私たちはいかにしても感情という部屋の鍵を開け、扉を開かなくてはいけない。そこには答えがあるのだから。**

このように感情の扉を開き、そこにある答えを自身で見い出すときに、大きなエネルギーを獲得できる。それが私たちを偉大な事柄に掻き立てる新たなエネルギーとなる。**すなわち、感情は「答え」と「エネルギー」の両方を有しているのである。**

よって、**人にエネルギーをもたらす第1の方法は、その人が感情の中にある真理に沿った「答え」をその人自身で見い出せるように助けることである。**

そして、そのように見い出された「答え」によってもたらされた灯火を更に強く大きなものとするために必要となるものは「行動」である。このことは私たちの日常を振り返ってみればすぐに分かるであろう。

私たちは何か行動するとき、身体的にはカロリーを消費しエネルギーを失うが、心について言うならばエネルギーを高める場合がある。私たちは快活に振舞えば快活な気持ちになり、慈悲深い行いをすれば慈悲深くなる。

すなわち、**行動は感情の産物であると同時に、感情が行動の産物でもあるのだ。**

次の図を見てもらいたい。この図に描かれている円は「感情」を表したものである。ここで感情は「行動」を生み出すモーターの役割を担っている。同時にその行動からの「動力」をもらって「電力（エネルギー）」を生み出す「ジェネレーター」の役割をも担っている。

感情はこれまで行動を起こすための「エンジン」にたとえてきた。しかし、感情はエンジンというより、感情が必要とするエネルギーをつくり出すジェネレーターを備えたモーターなのだ。

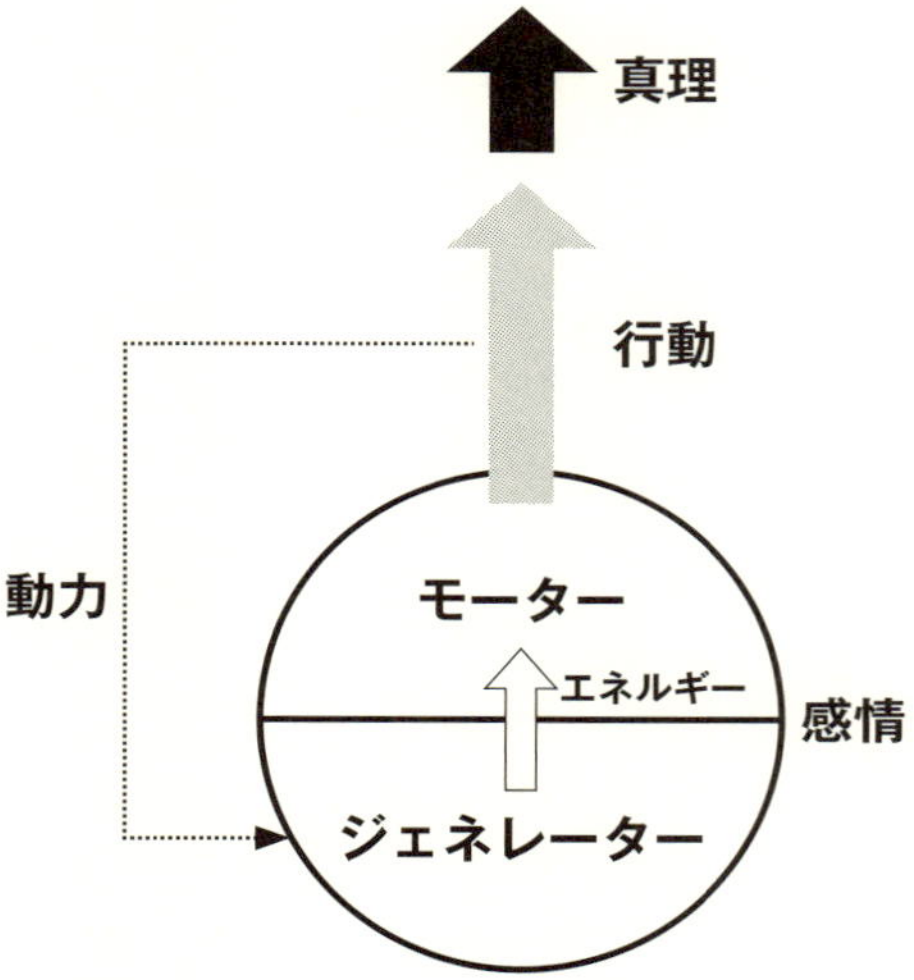

感情と行動は相互に影響を及ぼし合い、電力（エネルギー）と動力を相互交換している。そして、それが「真理」と一致するときに追い風のようなプラスの力を受け、大きな動力とエネルギーを生み出すのである。

これまで述べてきたことが、感情に内的エネルギーを与える仕組である。「自発的な行動」がいかに小さなものであっても、それが前向きなもので真理に沿ったものであるならば貴いものである。そのような行動は感情を動かし、そして感情はさらなる行動を生み出すからである。

つまり、**人にエネルギーをもたらす第2の方法は、その人から真理に沿った小さな自発的な行動を引き出すことである。**

ここで注意すべきことは行動が真理に沿っ

たものであるということである。もしそうでないならば、それらの行動は私たちに間違った感情を植え付けたり、私たちの感情の力を奪ったりすることだろう。邪悪な行動は邪悪な感情を生み、邪悪な行動を後押しするエネルギーにも成り得ることを忘れてはいけない。

行動のベクトルは感情のベクトルとその方向において一致していることは重要である。これらが一致していることは「自発性」という言葉で表される。

しかし、それ以上に重要なことはそれらの２つのベクトルが真理のベクトルと一致しているということである。**人の感情と行動が真理と一致しているときには大きな力を真理から受けることができる。「平安」を勝ち取る人は真理から受ける力を自分のものとしているのである。**

〈人にエネルギーをもたらす方法〉

１、その人が感情の中にある真理に沿った「答え」をその人自身で見い出せるように助けることである。

２、その人から真理に沿った小さな自発的な行動を引き出すことである。

第6章　Uを高めるⅡ「感情を動かす」

感情に対するアプローチ

老子の言葉に次のようなものがある。「人に魚を与えれば一日生かすことができるが、人に魚釣りを教えれば一生養うことができる」。人のファクターUを高めることは、まさに人に魚釣りを教えることに当たる。それは人にコップ一杯の水を与えるようなことではなく、その人に水脈を示し井戸を掘らせることである。

私たちは、人生で人々の幸福のためにさまざまなことをすることができる。しかし、もしある人のUを高めることができるなら、その人を本当の意味で幸せにすることができる。なぜならUはあらゆる幸福や成功の源だからである。

すなわち、その人のUを高めることは、その人を幸福にすることなのである。

それだから、あなたが人の幸福を願って働きかけるときには、その人のUを高めてあげることが最善の取組と言える。そのようにするならば、その人とのコミュニケーションは、実りの多い特別なものになるだろう。

第5章でも述べたように、あなたが他の人のUを高めるには、その人の感情を動かすよう働きかけることになる。なぜなら、Uは次のような流れによって高められるからである。

感情を動かす　→　行動を起こす　→　Uを高める　→　成果を得る
（熱エネルギー）　（運動エネルギー）　（位置エネルギー）

これはエネルギー転換の流れとも言える。「感情」という熱エネルギーを「行動」という運動エネルギーに変え、「U」という位置エネルギーに変えるのである。そして、Uは成果を生み出すポテンシャルとなる。

私たちが行動を起こすときには、私たちの感情が決定権を握っている。理性的な人であっても、最終的な決定はその人の感情でなされる。したがって、あなたが人に対して働きかけるときには、相手の感情が正しい行動を決意できるように助けてあげるのである。

あなたが人に働きかけるときに有効なアプローチは次の2つである。

Ⅰ、感情的アプローチ……………感情から感情へのアプローチ
Ⅱ、理知的アプローチ……………理知から理知へのアプローチ

これら2つのアプローチは次の図のルートⅠ、ルートⅡで表される。私たちは一般に、これら2つのアプローチを合わせて「コミュニケーション」と呼んでいる。

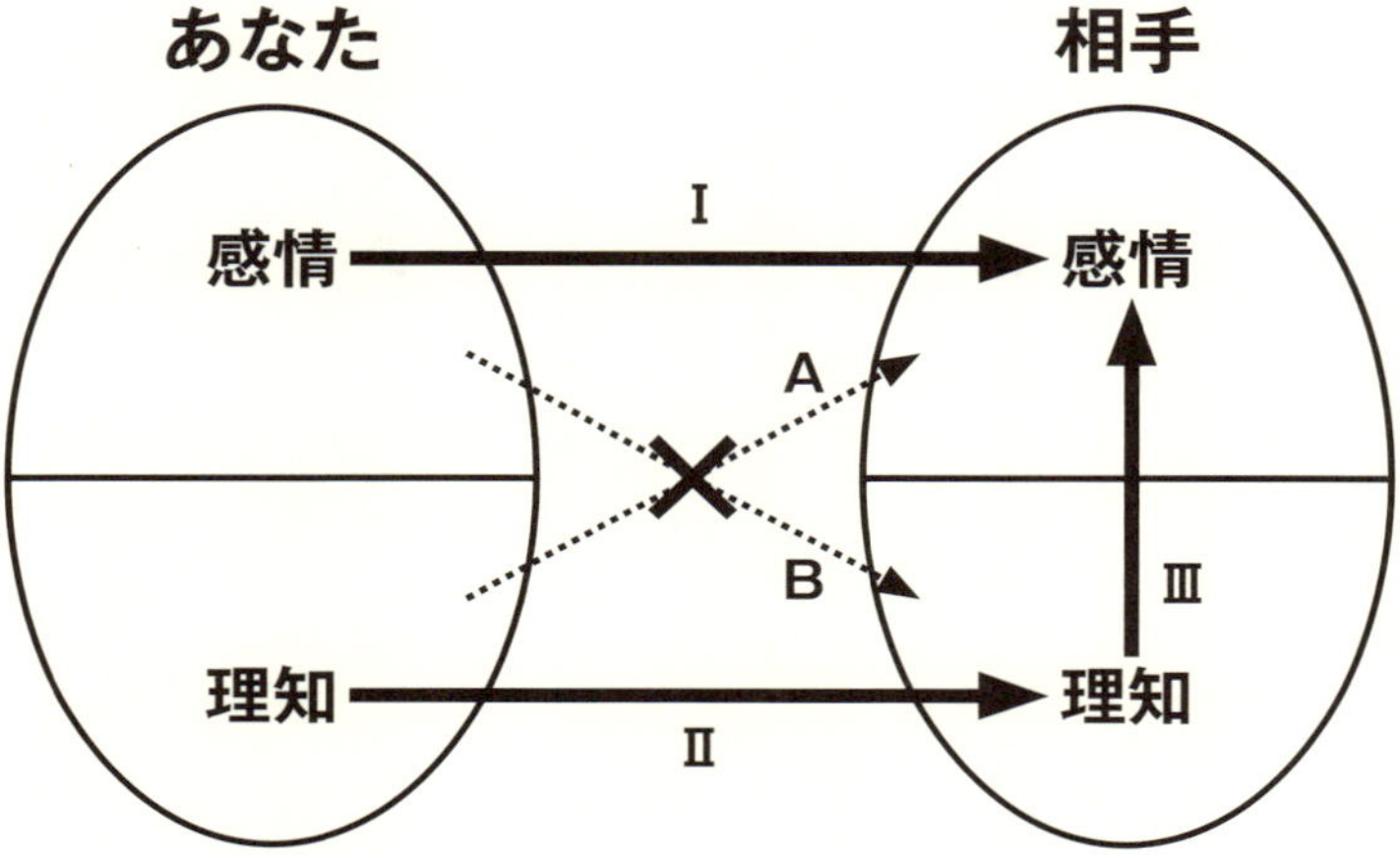

普段、これらのアプローチはあまり意識されることなく為されている。私たちはこれまで生活する中で人々とのやり取りを繰り返しながら、これらのアプローチの能力を意識的・無意識的に身につけてきたのである。

もしこれらのアプローチをうまく使うことができれば、効果的に人々を助けることができるだろう。そのためには、まずこれら2つのアプローチについて理解することが大切である。

最初に、これら2つのアプローチは伝達手段に違いがある。**理知的アプローチは「言葉」「文字」「記号」などの言語情報によって伝達されるのに対し、感情的アプローチは「顔の表情」「声の調子」「ボディーランゲージ」などの非言語情報と感情に直接影響を与えるよ**

うな言語情報によって伝達される。

●感情的アプローチ

感情的アプローチは無意識の内になされることが多い。そのため過小評価する人もいるが、このアプローチは私たちに大きな影響を与えるものである。

例えば、母親が乳児に対して行うアプローチは、この感情的アプローチである。これは触れてあげたり、話しかけてあげたり、抱っこしてあげたり、といったストロークによってなされる。この感情的アプローチのおかげで乳児は健やかに発育することができるのである。

ビジネスの世界においても「感情を抜きにして」とか、「ビジネスライクに」とか、言われる一方で、人と人との間になされる情的なやり取りが重要な役割を担っている。

多くの人々が「契約書の条項」を見直すと同時に、「取引する相手の表情や態度」を拠り所としてビジネスを進めている。すなわち、「書面による契約」と同様に「人に対する信頼」に重きが置かれているのである。

もちろん「信頼」とは単なる情的なものではなく、客観的事実に基づく理知的判断が加えられたものである。しかし、ビジネスの相手が感情的資質に問題があれば、そのような相手を信頼して取引することはまずないだろう。**感情的アプローチは理知的アプローチでは与えることのできない信頼や安心を相手に与えるのである。**

「意志」「情熱」「誠意」といったものは、理知的アプローチでは十分伝えられない。あなたの意志や情熱などの気持ちは単なる箇条書きに記された紙面のみでは相手に伝えることができない。それだから感情的アプローチは重要なのである。

●理知的アプローチ

感情的アプローチを強調したからといって理知的アプローチが重要でないと言っているのではない。人々は感情と理知の両面で物事を捉え理解しているからである。

「理知から理知へ」というアプローチは直接感情に向うアプローチではないが、そのアプローチの終着点はやはり感情である。ルートⅡによって、あなたの理知から相手の理知に伝えられた情報は、まず相手の理知によって理解される。次に、相手の内面でルートⅢによって相手の理知から感情へと伝えられ、相手の感情がそれを理解する。

ルートⅠの感情的アプローチは、相手の感情に対し直接的で、ルートⅡの理知的アプローチは相手の感情に対しては間接的である。よって、**感情的アプローチはスピーディーであり、理知的アプローチは幾分時間がかかる。**私たちがすぐ感情的に反応するが、頭を冷やして考え直すのに時間がかかるのはこのためである。

とは言いながらも、相手の理知的能力が高く、相手の理知から感情へのルートⅢの伝達が速いときには、理知的アプローチによる情報は感情に速く伝わり、感情における理解を効果的に助ける。

感情的アプローチは通常スピーディーであるが、多くの人々にとって理知的に理解できないことを感情的に受け入れることは難しい。よって、感情だけに依存することはかえって、理解そのものを差し止めてしまうことにもなりかねない。

感情が漠然とした不安に駆られて、前に進めなくなるときに、理知は論理的解析により事実を明らかにし、感情に対して道を示してくれるのである。感情だけでは複雑な物事を理解し受け入れるのは困難であり、そのようなときには理知が感情を助けるのである。

●感情的アプローチと理知的アプローチの協調

これまで述べてきた感情的アプローチと理知的アプローチは単独で用いられるだけでなく、日常において、同時かつ並行的に無意識の内に用いられている。もしこれらを協調的に巧みに用いることができれば、大きな効果を生み出すことができる。

優れた指導者や教師は感情的アプローチと理知的アプローチを巧みに用いている。彼ら

は人々の心をどのようにしたら感化できるかをよく心得ている。よって、スピーチやプレゼンテーションや対話する機会を軽んじることなく、効果的に用いている。

彼らの行う優れたスピーチでは、適切な事実の提示、論理的な展開、ユーモアによる味付け、事例による描写、良識と温情を伴った解釈と判断、そしてそれらに導かれる力強い結論が、語り手の表情、声の調子、ボディーランゲージによって抑揚やリズムをつけられて聴衆の理知と感情に届けられる。そしてメッセージは、感動とともに受け止められ、聴衆を共感と行動へと導くのである。

感情的アプローチと理知的アプローチを協調的にうまく用いるときには大きな効果がもたらされるが、それらを闇雲に用いるならば逆効果となり得る。

それら2つのアプローチを用いるときには、あなたが働きかける相手の内面において「どのようなことが起こっているか」「どのようなところであなたの伝えようとしていることが滞っているか」、その人の気持ちや考えを包括的に理解し、本心を見極めることになる。

時々、人は自分が感情的に受け入れられないことを拒絶するとき、理知的な理由によって受け入れられないと偽ることがある。「面倒くさいのでやりたくない」という感情的な拒絶理由を「非論理的なので受け入れられない」とか、「根拠不十分のため賛成し兼ねる」などと理知的な理由に摩り替えて嘘をつく。そのように嘘をつくのは、その人の本心が不適切なもので口にするのに憚《はばか》られるものだからかもしれない。

しかしいかなる理由であれ、相手の本心が隠されているときには、相手の内にある問題が感情の問題か理知の問題か見極め、感情的アプローチと理知的アプローチをうまく使い分けなくてはいけない。

例えば、「あなたの提案は論理的に間違っており受け入れられない」と言われたとき、その言葉の裏には「嫌いなあなたの提案書など、誰が承諾するものか」という本心が隠れているかもしれない。

このようなときには**相手の言葉に惑わされることなく、相手の態度から本心を見極めるのである**。そのようにするならば、あなたのアプローチは理知的アプローチではなく感情的アプローチに切り替えられる。

そして、あなたの語る言葉は次のようなものになる。「前回、君からの忠告をないがしろにして申し分けなかった。ただ今回、僕からの提案書はそのとき君から受けた忠告を尊重したものになっている。これが僕にできる君に対するお詫びであり、最大の配慮なんだ」。

このように相手の感情を配慮した態度と姿勢で相談するならば、相手のわだかまりが解けるかもしれない。このような**感情的アプローチは単なるリップサービスであってはならない。あなた自身の本心に基づいて伝えられる必要がある。これは当座の成果物を得るた**

めの場当たり的な対応でなく、相手との長期的な信頼関係を築く基となる。

時として、問題の原因が感情的なものなのか、理知的なものなのか、分かっていない場合もある。そのようなときはお互いに問題の原因を理解することが問題を解決する助けとなる。

また理知的アプローチは理知的理解力に欠けた人々にとって大きな重荷となる。例えば、2歳の幼児には理知的アプローチは重く、感情的アプローチが適切である。また、精神的に破綻しているような人は考えを整理することが難しいため理知的アプローチは負担となる。よって、そのような人には共感を中心とした感情的アプローチを用いることが適切である。

人々がよくやる間違いに「理知から感情へ」というアプローチと「感情から理知へ」というアプローチがある。これは先の図のルートA、Bに当たる。

「理知から感情へ」のアプローチとは、あなたが頭で理解している事柄を、感情的に受け入れられない相手に対して理詰めの説得を試みているような状況である。このような状況ではどれだけ知識を相手に注いで理屈をこねても、相手は「イエス」と言ってくれないであろう。なぜなら、**「人は感情では考えることができない」**からである。

また「感情から理知へ」のアプローチとは、あなたが素晴らしいと感じている気持ちを知的に理解できずに抵抗感を抱いている相手に対して押し付けている状況である。

例えば、すし屋で「ウニは美味しいから食べてみて下さい」と、友人の外国人に強く薦めているような状況である。薦められた外国人は「ウニ」が何物なのか、動物なのか植物なのか分からず、それを前にして当惑しているのである。知的に情報が整理されていない状態で、グロテスクな代物を美味しいからと薦められても手が出せないということである。これは、**「人は理知では感じることができない」**ことを意味している。

●やりとりは双方向である

あなたが感情的また理知的アプローチを実践しようとするとき、それらは一方通行のものであってはいけない。あなたはまず相手の気持ちと考えを受け止め、理解してから、相手に自分の気持ちと考えを伝えるのである。

したがって、次の図に示すように、「感情から感情へ」のルート1と「理知から理知へ」のルート2でなされるやり取りは双方向のものであり、相手とあなたのそれぞれの内面でなされる感情と理知のやり取り3と4も双方向となる。


この章ではこれから「感情を動かす」ことについてさまざまなことを説明していくが、そ

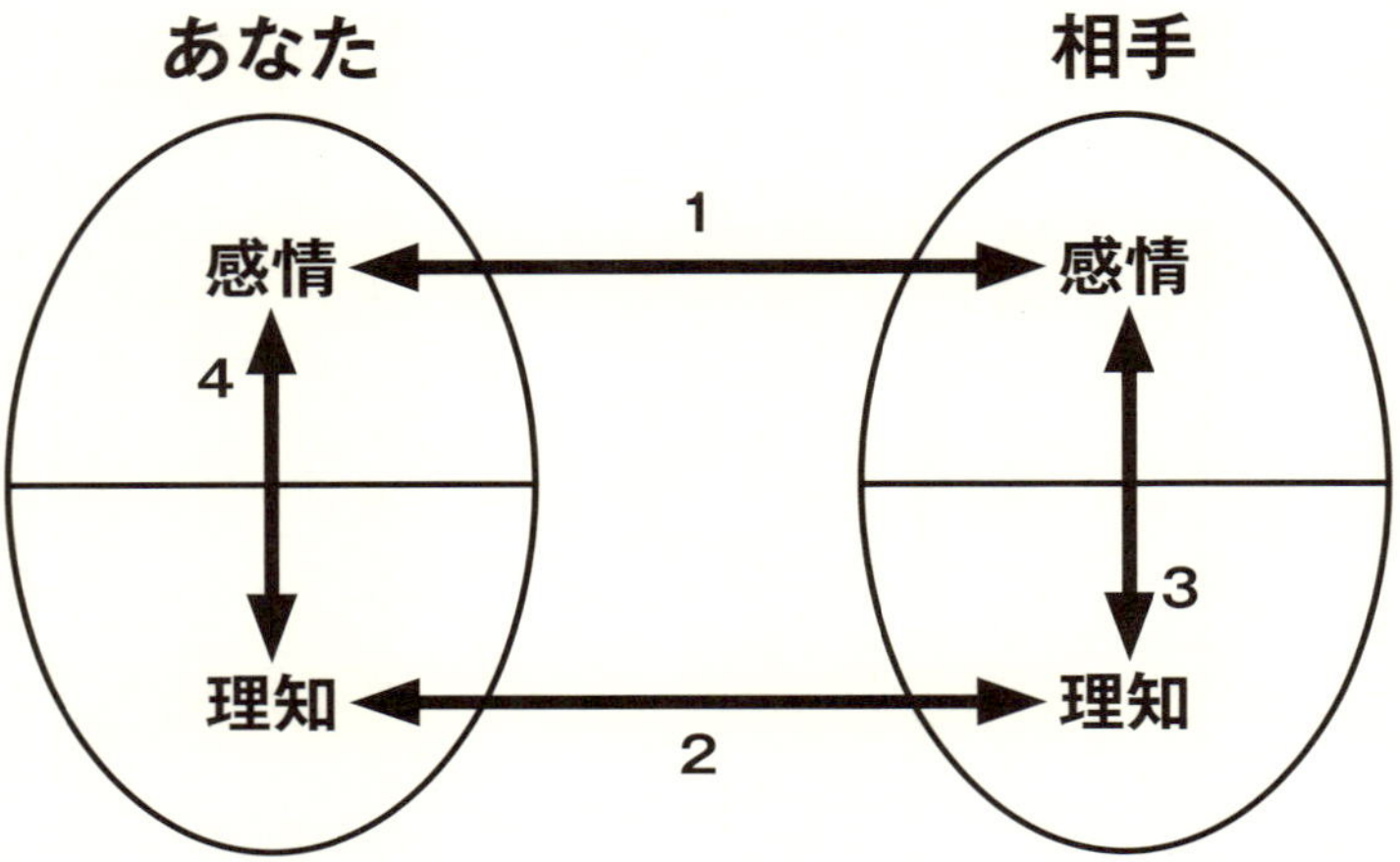

のとき説明する内容が次の図に記された4つのルート1、2、3、4の内、どれに該当するかを示すために、ルート番号をそれぞれの見出しに付記した。これによって、そこに書かれている内容がどのルートに関わるものかを確認できる。

これまで人の感情に働きかけるルートとそこでなされるアプローチについて説明してきた。これら感情に対する働きかけは無意識的になされているため、当然のことであると思ったかもしれない。

しかし、私は一般的に感情に対するアプローチはあまり開発されていないと感じている。特に会社においては感情的動機づけがあまりにも不足している。それであるから、ここに示したルートとアプローチを理解した上で感情に対する働きかけが有効になされればと願っている。

心についてのUを高める（1、2、4）

あなたの周りには、次のような人はいないだろうか。

その人は、頭の回転が速く、学生時代の学業成績も優秀、仕事上の専門知識も豊富に持ち合わせている。しかし一方で、コミュニケーションや人づき合いが下手で、友人や家族との関係も希薄、時々周りの人々をがっかりさせたり、怒らせたりしてしまう。

このような人はいわゆる心の知能指数（ＥＱ）が不足した人である。そして、このＥＱの不足をファクターUによって表すならば、「心についてのUの不足」と言える。

ファクターUが対象とする事実は、あらゆる事実である。それは次のような３つの場所にある事実であり、人の外界にある事実だけではなく、人の内面、心の中にある事実も含まれる。

〈ファクターUの対象とする事実の存在する3つの場所〉

a、自分の外界　b、自分の内面　c、他者の内面

私たちは外界で起こる事実を理解するだけでなく、人の内面で起こる事実を理解するならば、私たちと周りの人々の生活をより豊かなものにすることができる。

また、**私たちが人の心についてのUを持ち、そのUを活用するならば相手の感情にうまく働きかけることができる。**これから説明する**「共感」と「内観」を理解し実践するならば、人の心についてのUを高めることができるだろう。**

●共感（1、2）

あなたが相手の考えや気持ちを正しく受け止めるときには「共感（Empathy《エンファシー》）」が求められる。「共感」とは相手のことを相手の内側から理解することである。相手が物事をどのように見、どのように捉え、どのように感じているかを、あなたが相手の立場に身を置いて感じ取り理解することである。

「共感」とは「同感あるいは同情（Sympathy《シンパシー》）」とは異なる。同感とはあなたが相手と同じ考えや気持ちになってしまうことを意味するのに対し、共感とはあなた自身の考えや気

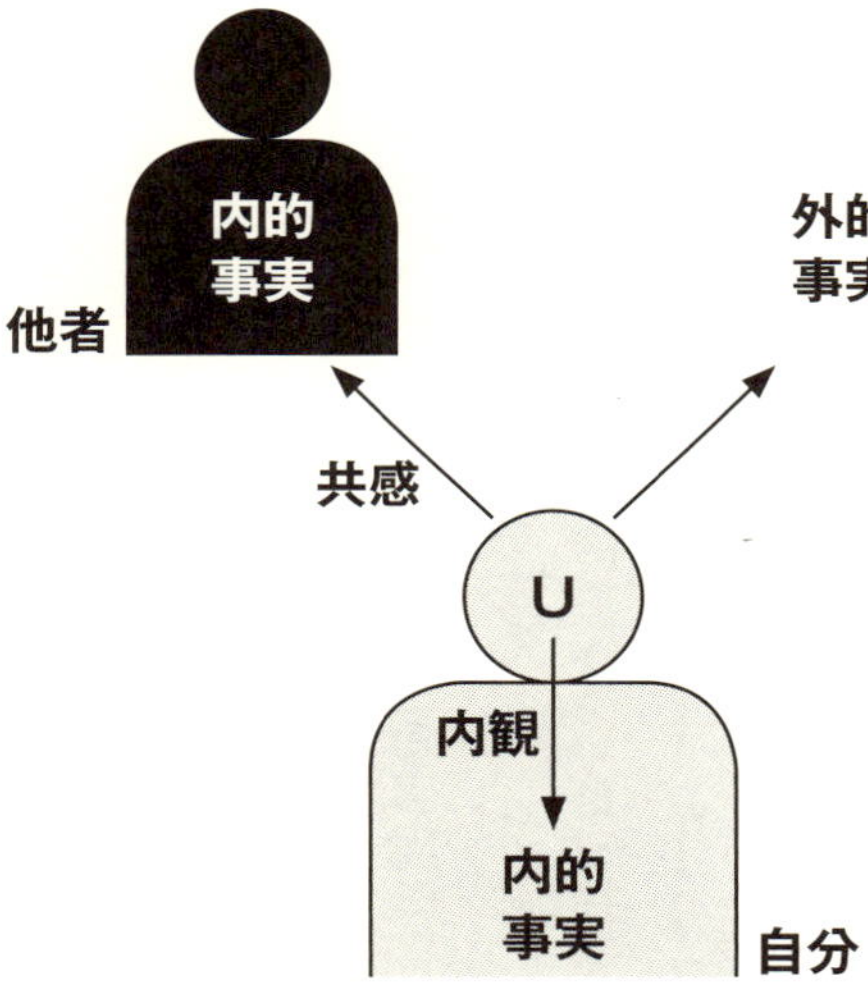

持ちをしっかりと保ちながら、あたかもあなたが相手であるかのように相手が考えていることや感じていることを理解することである。「同感」とは相手の感情に飲み込まれてあなた自身を見失うことであるが、共感とは相手の感情に飲まれることなく相手の中にあなた自身を置くことなのである。

臨床心理学者カール・ロジャーズは「クライアント中心」という理論を世に現した。その理論とは、従来からのカウンセラー中心のカウンセリング、すなわちクライアントに対する指示的カウンセリングではなく、クライアント自身が自分の問題を理解し解決することを、カウンセラーが非指示的に助けるというクライアントを中心としたカウンセリングの理論である。

ロジャースはこの理論で、クライアントの内なる力に信頼を置くというカウンセリングの姿勢を提唱したのである。これは今日のカウンセリング界で最も影響力の大きい理論となったと言える。共感はロジャースらによって強調される姿勢である。

共感を実践するときには、相手が語ることを傾聴し、あなたが聴いて理解した相手の思いや感情を、相手の言葉で繰り返したり、あなたの言葉で言い表したりしながらそれを明らかにし、相手と共に理解していくというものである。

共感とは、相手の内面で起こる事実についてのUを高める行為であり、相手の感情を動かす上で不可欠なものである。

マネージャーの中には部下に対して共感を示さない人もいる。そのような人は次のように言うかもしれない。「部下のことがそんなに分かってしまったら、やりにくいじゃないか。これまで、部下の事情や気持ちを知らなかったおかげで、無理な仕事を押し付けることができたのだから」。

しかし、相手の気持ちを理解せずに仕事を与え続けることは危険なことである。それは、煮込み料理を作るときに鍋の中に食材を入れ、一旦鍋蓋を閉じて火を付けたら、自分が食べたいと思う時まで全く蓋を開けずに強火で煮込み続けるようなものだからである。手間は省けるかもしれないが、まともな料理ができるとは思えない。

相手が何を考え、感じているかは、その人が生み出す結果やその人のあり様を大きく左右する。人の外に現れることは、全てその人の内から生じてくる。相手の気持ちに蓋をして、その内側をうかがうことなく、火をかけ続けるならば、その人にとっても組織にとっても痛ましい結果をもたらすことになる。

「共感」は小手先のテクニックではない。これは正しい価値観に裏打ちされた行動・姿勢・態度である。あなたに人間尊重についてのＵが備わっていなければ、共感を示すことはできないのである。

●内観（４）

「感情」について最も学べる場はあなた自身の内面である。なぜなら、そこには偽りのない本物の感情が存在しているからである。自分自身の感情を観察することができる人は、自分自身の感情のみならず、他の人の感情についても深く理解し、それに影響を与える方法を見出すことができる。このように**あなた自身の内面に起こる事実を凝視することを「内観」という。**

「共感」とは相手の内面にある事実を理解することであると説明したが、相手の内面にある事実を深く理解するためには、あなた自身の内面にある事実を理解していることが求められる。なぜなら、あなた自身の感情を理解していなければ、相手の感情がどのようなものか、自身のそれと引き比べて理解することができないからである。

それはアルマジロを見たことがない人がアルマジロをイメージすることが難しいのと同じである。実物を見て、それに触れて、それを描写したことがあれば、それらしき動物の尻尾を草陰に見つければアルマジロだと気づくことだろう。

相手の感情が表すさまざまな兆候を見て、その人の心の状態を深く理解できるのは、あなたが自身の中にある同じような感情を理解しているからに他ならない。あなたの中に相手の感情と共通したものがあるからこそ相手に共感できるのである。

よって**内観ができる人は、共感もできるようになる。内観することは、あなたの心についてのUを高めることである。そして、それは共感という他の人の心についてのUを高めることにも繋がる。**

では、私たちはどのように自分自身の感情を観察し理解するのだろうか。

それには理知の助けが必要となる。それは自分自身の内面における理知と感情との間のやり取りである。

感情はもともと無意識の海に浸かった状態にある。赤ちゃんや幼児を見ると分かるように、そのような幼い子供は怒るとき、泣くとき、笑うとき、自身の感情を客観的に観察したり監視したりすることがない。そのため、それらの感情を制することができない。

しかし、人は成長するに従い自身の感情を観察し監視するようになる。そして今、自分がどのような気持ちを感じているか、なぜそのような気持ちを感じているかを解釈するようになるのである。すなわち、理知という御者が現れ、感情という馬を見守り、手綱を取り始めるのである。

理知は無意識の海に浸かった感情を言語化することで、感情を無意識の海から引き上げ意識の光に曝す役割を担う。それによってさまざまな感情は表現され理解され始める。感情を表現できれば、感情を動かすことはより容易になる。ダニエル・ゴールマンがヘンリー・ロスの小説から引用したように「感じたことに言葉を与えることができたら、その感情は自分のもの」なのである。

「シンボル」により「イメージ」を与える（1、2、3）

感情は非言語的な情報を取り入れる。感情は目に映る「像」や耳に聞こえる「音」や肌に感じる「触感」そして「におい」や「味」というような情報を、五感を通して取り入れる。五感を通して得られる非言語情報は、理知を経由して得られる言語情報よりも人の行動

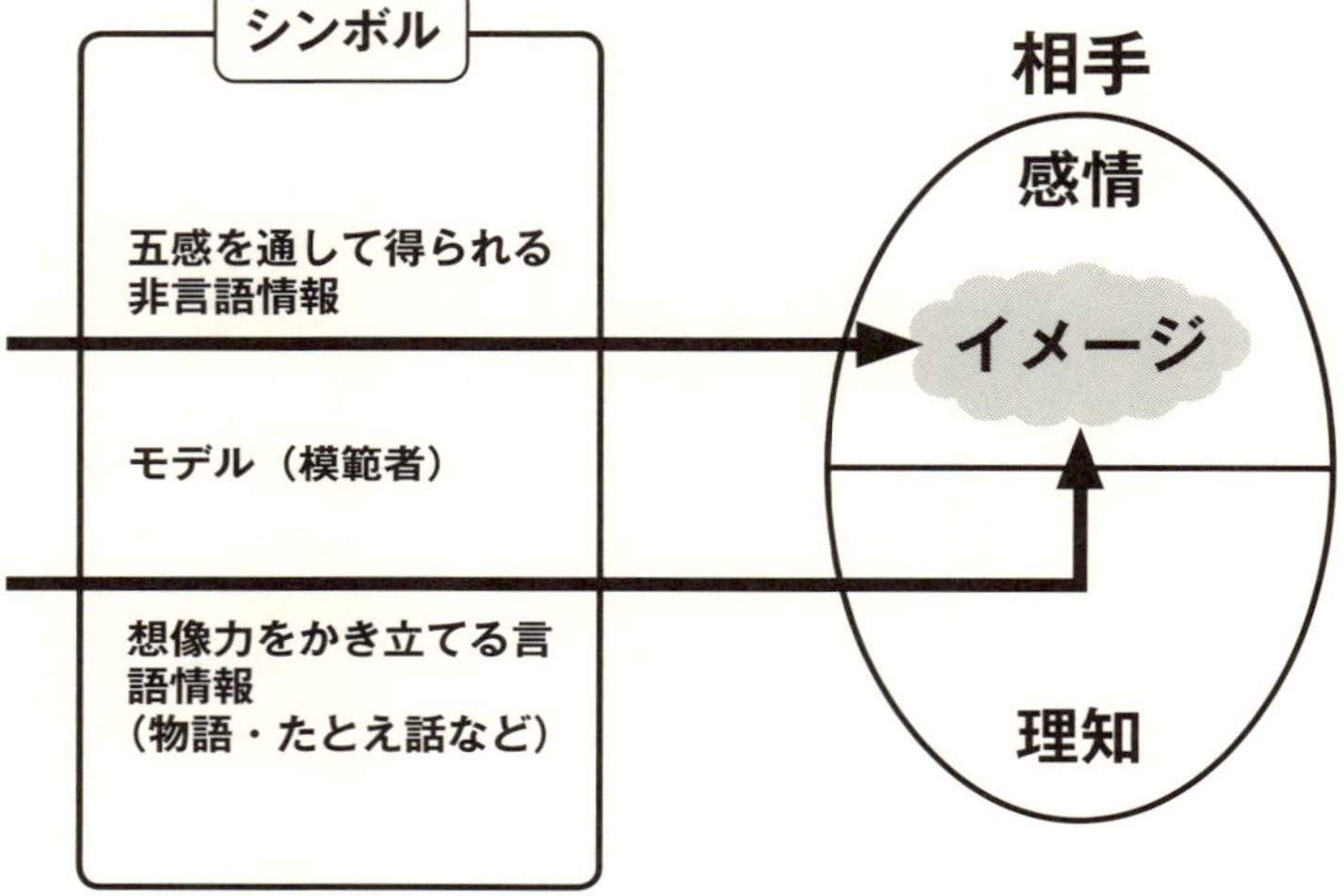

に与える影響が大きい。なぜなら、五感を通して得られた非言語情報は、行動を決定する感情に直接取り込まれるからである。

それらの五感を通して得られた印象が、人に無意識の内に大きな影響を与えている。人が頭では分かっていても行動に移せないのは、このような感情的な印象が記憶され、それが行動に作用しているからである。

よって、**人の感情に働きかけて、ニーズを実践できるように助けるには、五感を通して非言語情報により真理を教えることが有効である。**

例えば、プレゼンテーションにおいても言葉や文字を多く用いるよりも、図や映像を用いた方が印象的で興味をそそり説得力のあるものになる。

また、ある料理がどれだけすばらしいかを人に伝えるときに、レシピを渡して言葉で説明するよりも、実際に料理を作って相手に食べさせたほうが、料理の価値を知らしめることができる。言葉よりテイストのほうが、説得力があるということである。真理についても言葉だけでなくテイストによって伝えた方が相手の理解は深くなる。

相手の感情に五感を通して非言語情報が伝えられるときに、相手の感情の中では「イメージ」が作られる。このイメージが意味するところは単に視覚的な「像」ではなく、五感によって感じられる幾つかの要素が加えられたものである。すなわち、そこには「像」と一緒に「音」や「触感」や「におい」や「味」が加えられていたり、「動き」や「ストーリー」があったりする。

さらにそこにはあなたにとっての善し悪しの印象が加味されている。そのイメージがあなたにとって不快なものなのか、心地よいものなのか、という印象が加わっているのである。

それであるから**真理を喜ばしいイメージとして感情的に理解しているならば、それを容易に行動に移すことができるはずである。**

また理知を経由して与えられるある種の言語情報も好ましいイメージを作る上で有効である。その言語情報とは想像力をかき立てるような「物語」「たとえ話」「経験談」「比喩」などである。これらのものは聞く人の中で「言葉」から「イメージ」に容易に変換される。

そして、感情の中にあるイメージに最も大きな影響を与えるものの一つが「モデル」である。「モデル」とはUの高い人物の示す生きた模範、真理の実践である。それは「さまざまな優れた特質や能力の集合体」「実在する理想像」「真理の証明」である。

感情が触発され、行動をかき立てられた人々には、その近くにモデルの存在があった。それは「優れた教師」「卓越した指導者」「ヒーロー」「善良な両親」「高潔な友人」などである。

人々はさまざまな外にある「Symbol《シンボル》（表象）」によって学ぶ。「シンボル」とはこれまで述べてきた「五感を通して与えられる非言語情報」や「物語や譬えなどの想像力をかき立てる言語情報」そして「モデル」などである。これら外にあるシンボルに触れて、人は内にあるイメージを構築していく。そして、そのイメージがその人の感情に影響を与え、行動を変えていく。

人が真理をありのままの好ましいイメージとして理解した状態が、Uが高められた状態である。そしてそのようにUが高められることで、その人自身も他の人を高めるモデル、シンボルへと変わっていく。

このように相手の感情の中にあるイメージは、その人の状態や言動を決定づける。それは相手の真の姿とも言える。よって、あなたが相手を真に理解するということとは、相手の話している内容や言動、態度を個々別々に理解することではなく、相手の感情の中にあ

るイメージを理解することである。「相手の心の中にあるイメージを見詰める」これこそが相手に対する究極の理解の姿勢なのである。

理想像を抱かせる（1、2、3）

私たちは自分自身の感情が何によって励起されているか考えるときに、その答えを見つけることができる。私たちの感情を励起しているものを一つ挙げるとすれば、それは「理想像」である。

それは他者から押し付けられたようなものではなく、私たちが自ら心に描いたものである。理想像とは先に説明した「イメージ」を発展させ、私たちが構築した「ビジョン（未来像）」である。

理想像とは、単に文字で書かれただけのものでも、言葉で語られただけのものでもない。それはまさにその人の内面に印象づけられた像であり、心に飾られた美しい絵画のようなものである。もし、理想像が感情によって色付けられていなければ、その理想像は私たちを触発するものにはなり得ない。

人は理知により考える「あるべき姿」以上に、感情により印象づけられる「ありたい姿」

に影響され引っ張られている。「ありたい姿」は私たちをわくわくさせ、行動を起こすようかき立てる。それであるから、どのような「ありたい姿」を描くことができるかは大きな意味を持つ。

十代の少年はテレビでロックミュージシャンがかっこよくギターを演奏する姿を見るとき、そのようなギタリストになりたいと思うかもしれない。また、若い女性はファッションショーでさっそうと歩くスーパーモデルを見るとき、そのような姿に憧れるかもしれない。

しかし、感情によって印象づけられた理想像が全て真理に適っているわけではない。印象的なもの、また刺激的なものが必ずしも正しいものではないのである。アクション映画に出てくるヒーローはタフでワイルドな人物像に描かれているかもしれないが、もし世の男性がそのようなものを理想像にしていては幸福を得るどころか、若くして悲惨な最期を遂げることにもなりかねない。

●感情が欲する正しい理想像（1、2、3）

私たちが自身の感情を励起させるためには、どのような理想像を欲しているか、またその理想像は幸福や成功の原則に則ったものなのかが鍵となる。**私たちの「ありたい姿（ウ**

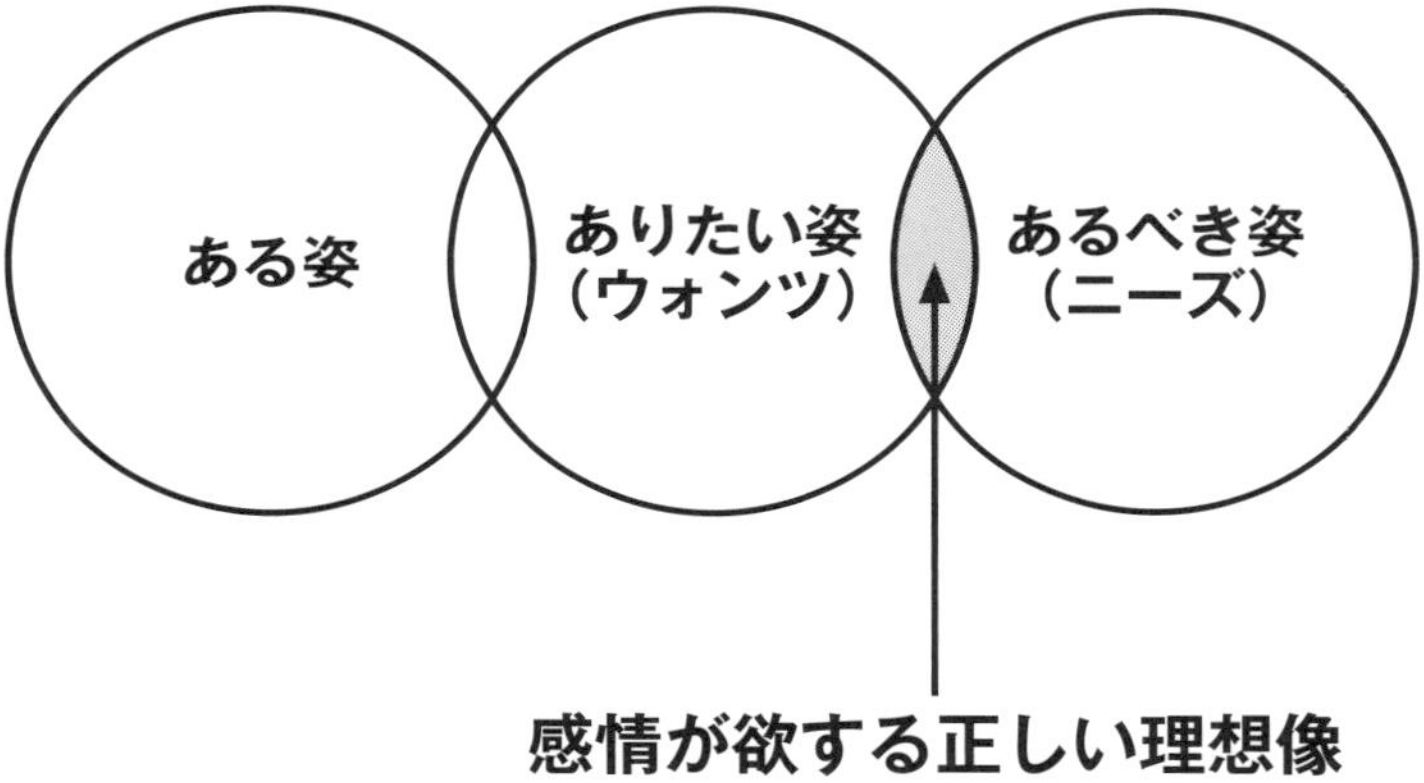

ォンツ）」と真理の求める「あるべき姿（ニーズ）」が重なる部分を「感情が欲する正しい理想像」と呼ぶことにしよう。

私たちがそのような「感情が欲する正しい理想像」を捉えるためには、私たちの現状である「ある姿」と、私たちの感情の望む「ありたい姿」と、真理の求める「あるべき姿」とをそれぞれ理解する必要がある。

人は時としてガンディーやマザー・テレサのような崇高な人格者を理想と掲げながら、一方では贅沢で放縦な生活をしたいと望んでいることがある。このような自分自身の中にある矛盾を理解することは理想像に向う前提となる。

私たちがある人の感情を動かそうとするとき、その人の「ある姿」「ありたい姿」「ある

べき姿」そして「感情が欲する正しい理想像」を理解するならば、私たちのアプローチはより的を射たものになる。そして、「感情が欲する正しい理想像」に集中し、それについて語り、それをその人が思い描けるよう助けることで、少しずつかもしれないがその人の感情を触発ことができるはずである。

そのようにすればその人はわくわくしながら正しい行動を取ることができる。それは結果的に「ありたい姿」を「あるべき姿」に近づけ、それらが重なる部分「感情が欲する正しい理想像」を広げることに繋がるのである。

あなたの感情を伝える（1、2）

人にメッセージを伝えるときには、必ずメッセージを伝える目的が存在する。私たちがメッセージを伝えるときに、感情をうまく用いることができれば、その目的を果たしやすくなる。

メッセージを伝える目的が単に情報の伝達であれば、感情を使うことはあまり必要ないと考えるかもしれない。しかし、単なる情報伝達であっても感情をうまく用いると相手への伝達効率は大いに高められる。

例えば、あなたが笑顔で話し始めれば、あなたのメッセージは喜ばしいものであり、こわばった面持ちで話せば悪い知らせであると、相手にすぐに伝わる。

情報伝達以上の目的を果たすときには、感情抜きに話すことは全く無意味で、場合によっては大きな問題を引き起こすことになる。

例えば、相手から許可や合意を取ったり、相手に何かをお願いしたり、助言や励ましや慰めを与えたり、感謝を伝えたりするときには必ず感情を用いて話すべきである。このようなことは言われなくても誰でも無意識の内にやっていることだが、あまりにも感情が無意識的に用いられているため、感情の使い方で何か間違いを犯しても、その間違いに気づくことがないのである。

感情の使い方で間違いを犯さなくても感情を使うべきところで十分使わなかったために期待される結果が得られないこともある。あなたがどのように感情を用いるかでコミュニケーションの収穫が決まるのである。

ここでは、メッセージを伝えるときに感情を用いることの重要性を強調しているが、よくよく考えてみると感情はメッセージを効果的に伝える道具ではなく、感情自体が相手に伝えられるメッセージであるとも言える。**私たちは人々に言葉を伝えると同時に感情を伝えているのである。コミュニケーションの能力が高い人は、単に言葉の伝え方がうまいわ**

けではない。そのような人は感情の伝え方がうまいのである。

私たちは時々会話に詰まることがある。初対面の相手や権威者などと一緒にいるときに何を話したらよいか分からなくなる。そのようなとき、あなたは必死に言葉を探すが、なかなか見つからず沈黙が続く。

あなたは気づいていないかもしれないが、このような状態は適切な言葉が見つからないために起こるのではなく、好ましい感情があなたの中に無いために起こるのである。そのようなときは、**あなたと相手の間を言葉で埋めようとするのではなく、好ましい感情をあなたと相手の間に置こうと心がけることである。人との関係は言葉ではなく感情によって築かれるからである。**

感情は正直である。いくら偽ろうとしても、それは素直に表れる。あなたの感情はあなたの表情や声の調子や仕草などによって相手に伝わっている。あなたがナーバスになれば、そのナーバスな気持ちも伝わっている。

スピーチが苦手な人の多くはスピーチに臨むときに原稿が準備されていないのではなく、感情が準備されていないのである。言葉の問題ではなく、感情の問題なのである。つまり、**あなたがどのような感情を抱いているかはコミュニケーションの収穫を大きく左右する。**

また、あなたがどのような感情を抱いているかだけでなく、**あなたがどれだけ感情的な**

エネルギーを持っているかもコミュニケーションに影響を与える。なぜなら、感情のエネルギーというものは人と人との間で常に放射と吸収を繰り返しており、感情のエネルギーは高いところから低いところに分配されるからである。

あなたの感情的エネルギーが不足しているときは、感情的に弱わった人を強めることはできない。もしあなたが熱していなければ、誰かを熱することなどできるわけがないのである。しかし、あなたが感情的エネルギーを持っているならば、感情の弱わった人を強めることができる。

では、どのようにしたら、あなたの感情を解き放ち、相手の感情を触発することができるのだろうか。それは言語的手段と非言語的手段によってである。すなわち、自身の感情を言葉や文字で表現すること、そして顔の表情・ボディーランゲージ・声の調子で表現することで、あなたの感情を相手に伝えることができる。

これらはすぐにうまくできるようなものではない。これらの表現力を高めるには修練と経験が必要である。しかし、**言語と非言語の表現力を意識的に修練し高めることは相手への影響力を高めるだけでなく、あなた自身の感情のエネルギーを増幅することにも繋がる**。なぜなら、「表現すること」は明らかに行動であり、あなたの行動はあなたの感情により生み出されると同時に、あなたの感情を生み出すものでもあるからだ。

これまで説明した内容をまとめると次のようになる。

・あなたがどのような感情を抱いているかが、相手の感情にどのような影響を与えられるかを決める

・あなたがどれだけ感情のエネルギーを持っているかが、相手の感情への影響力を決める

・あなたの正しい感情を言語・非言語で相手にうまく伝えられれば、相手の感情を効果的に触発することができる。また、あなた自身の感情も触発することができる

●真実と動機を伝える（1、2）

あなたが相手に語る内容が、あなたの感情のエネルギーを相手に伝えられるかどうかを左右してしまうこともある。私たちはさまざまなことを、感情を用いて語ることができる。しかし、**次の2つを語ることは、あなたの感情的なエネルギーの放射を促し、相手の感情におけるエネルギー吸収を助ける。**

a、真実　b、動機

ａ、真実

あなたが相手に話すとき、話そうとする内容が偽りであったり、間違っていたり、矛盾を孕んでいたりするならば、きっとあなたは感情を込めて話すことができない。

人は嘘をつくとき、目線をそらしたり、汗をかいたり、声を震わせたり、何か仕草がぎこちなくなるものである。**私たちが考える以上に感情は正直である。**

私たちが偽るときには、話している内容と態度に何らかのズレが生じる。相手はそのようなズレを意識的・無意識的に感じ取って、あなたが語ることの真実性や価値を判断しているのである。

しかし、**あなたが偽ることなく真実を語るならば、あなたは感情を込めて語ることができる。そして、あなたが真実を語るときに、その真実について感じている気持ちや確信を本心から伝えるならば相手の心を動かすことが容易になる。**

これは明らかにあなた自身のＵに関わる問題である。あなたのＵが高ければ真実を確信と感情を伴って伝えることができるのである。

ｂ、動機

あなたは人々と話すときに、あなたの「動機」を伝えることはあるだろうか。

人々の言動にはかならず動機というものが存在している。しかし、それらの動機は普段表れることなく隠されていることが多い。

動機と一言で言っても、それらの動機には、正しいもの間違ったもの、善良なもの邪悪なもの、強いもの弱いものとさまざまである。

もしあなたの動機が善良なものであるならば、その動機を伝えることは相手の心を大きく揺り動かすものとなる。また正しい動機を伝えることで、あなたと相手との距離を縮めることにもなる。私たちは人と語るとき、もっと頻繁に動機を伝えてよいのである。

あなたの感情を準備する（1、4）

あなたが相手の感情に働きかけるとき、あなたの感情の状態はその結果を大きく左右する。あなたは自身の感情をよい状態に整えておくならば、相手の感情に大きな影響を与えることができる。

ではどのように自身の感情を準備したらよいのだろうか。その幾つかのアイデアを次に紹介したい。

〈あなたの感情を整える方法〉
・**あなたの感情を尊重する**
・**あなたの感情を解き放つ喜びを知る**
・**あなたの感情を躾《しつ》ける**
・**歪な義務感を捨て去る**

●あなたの感情を尊重する（４）

感情を伝える前提として、あなたが自身の内面で起こる気持ちや感情を軽視しないという姿勢が大切である。感情を伝えられない人々の多くは自分の内面で起こることをあまりにも軽視し過ぎる傾向が強い。ある人は他の人とのやり取りで嫌な気持ちを感じても、相手に対し何ら働きかけようとしないで「自分だけが我慢すればよいのだから…」と自分の感情を抑えてしまう。

もし自分の外界で起こる事実のみを過大評価して、自分の内面で起こる事実を過小評価するならば、自分の内にある感情を外に解き放つことはできない。そのような状態では自分の感情から何かを発しようとしても、それ以前に感情というエンジンを自ら切ってしまっているようなものである。**あなた自身の感情を尊重し、自分の内面で起こる事実を大切**

にするならばあなたは感情を解き放つ力を得るはずである。

●感情を解き放つ喜びを知る（1、4）

感情的アプローチをうまく用いるようになるには、感情を伝えることの爽快さを多く体感することである。人は自身の内にある好ましい感情を解き放つとき、最も強く自分の存在を実感する。「自分は生きている」と強く感じるのである。感情という馬を疾走させているときの心地よさはそれを経験した人にしか分からない。

外部の人々や状況に影響され続ける生活は、苦痛に満ちたものである。逆に外部に対しよい影響を与えることは何と大きな喜びであろうか。

●感情を躾ける（4）

感情を用いることは、感情的になることではない。感情という馬を上手に操る人の内には必ず冷静な理知という御者がおり、馬もよく躾けられているからである。

感情をうまく使う人はある時、烈火のごとく厳しく人を叱咤《しった》したかと思うと、次の瞬間にはにこやかに微笑むことができる。決して感情が野放しになることも、暴走することもない。冷静な御者は馬の様子をつぶさにうかがいながら「走れ！」「止まれ！」と指示を出し、手綱を緩めたり、引いたりする。

そのような人は馬車を使うときだけ馬を調教するのではなく、日頃から馬を躾けている。感情をうまく使う人は「自制心」を日頃から培っているのである。

そのような人が感情という馬を飼いならすことができるのは、より高い価値に向っているからである。価値あるものを深く理解しているからこそ、衝動的な気持ちを抑えて、忍耐強く馬を飼いならし訓練することができるのである。

●歪な義務感を捨て去る（４）

人々のイキイキとした感情を差し止めるものにはいろいろなものがある。人々がこれまで大切であると思い込んできたことの中にも、感情を解き放つ上で障害となっているものがある。

その一つは「義務感」というものである。義務感といっても全ての義務感が問題となるわけではない。**問題となるのは自然の法則に反するような事について「〜でなければならない」と考えてしまうような「歪な義務感」である。**この歪な義務感は時として「責任感」と結び付けられて世の中では大いに美化され支持されている。

例えば、あるセールスパーソンが熱心に営業するとき「必ずこの取引を成立させなければばならない」と考えてしまう。しかし、取引というものは相手があって成り立つことである。たとえその人が最善を尽くしても、取引が成立するかどうかは、相手の意向や判断力や外部環境などによって左右される。相手が最善を見極める能力がなければ、どれだけこちらが最善を提案しても受け入れられないのである。

すなわち、外部に築かれる成果や結果というものは、「成果＝U×行動×境遇」に示されるように境遇によって影響される。

多くの人々が歪な義務感という重いくびきによって感情を解き放つことができず、本来の力を発揮できなくなっている。

このような歪な義務感を生み出すものは、その人自身の物事の見方や考え方によるところが大きい。歪な義務感を自分自身の内に植え付け、それを大きくしてしまう人の傾向として「他の人々への強い配慮」がうかがえる。これは裏を返せば「他の人々に対する強い依存心」である。自分自身の思いや考えよりも、周りの人々の思いや考えを優先させてしまうのである。

「自分自身は何がしたいか」と問う前に「周りの人々は自分に何をしてほしいか」と問うてしまうのである。そのようにするときに「チャンス」すなわち「大きな成功を生み出す可能性」は、「リスク」すなわち「大きな失敗をもたらす可能性」へと変わってしまう。そして、その人のイキイキとした感情は抑えられ、主体性や自発性は失われ、成果を生み出す力を失うことになる。

あなたが人々に対する依存心を捨て、歪な義務感から開放されるならば、あなたの感情はイキイキと解き放たれる。

たとえ、あなたを応援してくれる人があなたにとって親切ですばらしい人であっても、あなたにとって唯一の理解者であっても、あなたにこれまで長く出資してくれたスポンサーであっても、そのような人の期待に応えて成果を出さなくてはいけない、などとは決して考えないことである。成果は境遇によって左右されるからである。

あまりにも他の人々の思いや期待が気になるならば、私が好きな次のフレデリック・パールズの詩を静かな場所でゆっくりと読むことをお勧めする。

「ゲシュタルトの祈り」
私は私のことをする。そしてあなたはあなたのことをする。
私がこの世に生を受けたのは、あなたの期待に応えるためではない。
あなたもこの世に生を受けたのは、私の期待に応えるためではない。
あなたはあなたであり、私は私である。

もし、期せずして、お互いに出会えるなら、美しいことである。
しかし、出会えなかったとしても、それは仕方のないことである。

（「ゲシュタルト療法バーベイティム」ナカニシヤ出版、フレデリック・S・パールズ著、倉戸ヨシヤ訳）

行動に向かわせる（1、2、3）

これまで相手の感情を動かすために、どのように働きかけたらよいかということについて述べてきた。しかし、もしあなたが相手の感情に働きかけるだけで、それ以上何もしないとしたら、十分な収穫を相手にもたらすことはできないであろう。

なぜなら、相手が自身の感情を強めるだけでなく、行動を起こすときに、その人はUを高め、成果を得ることができるからである。

「行動」はUを高める上で不可欠である。よって、相手が真理を理知と感情で理解し、それを行動に移す準備ができたら、あなたは相手に行動を起こすよう勧めることが望ましい。

そして、あなたが行動を勧め、相手が行動することを決意したら、あなたはその人がそれを実行するかどうかを見守り、もし行動を起こす上で何か問題が生じたら、あなたは相

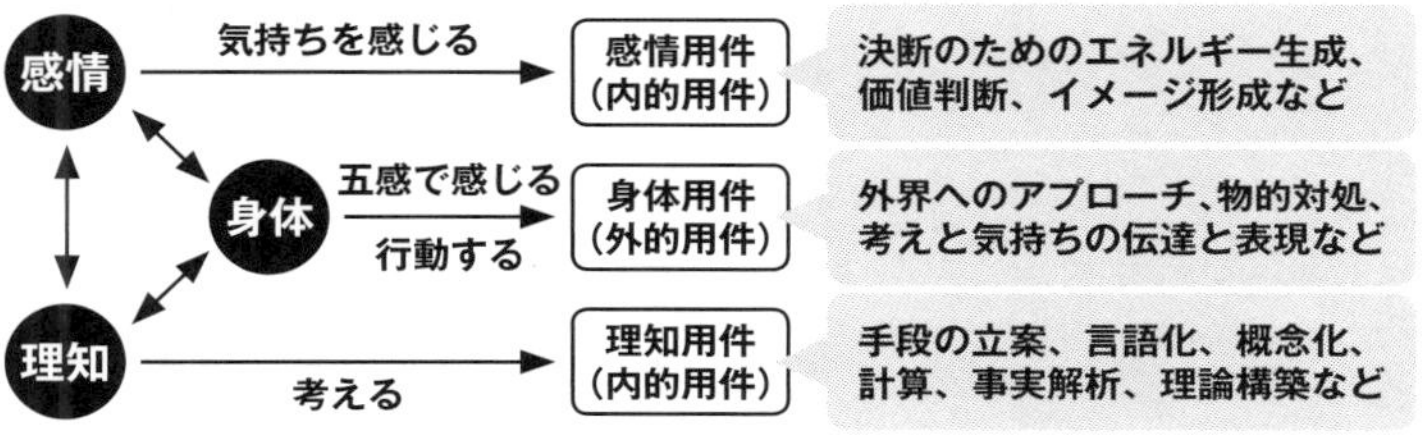

手の理知と感情に再び働きかけて問題を解決するよう努めるのである。

相手が行動を起こすのを見守ることは大変な忍耐を要する場合がある。しかし人がUを高めることには、それだけの価値がある。

行動することなく成果を得たいと考える人もいるかもしれないが、行動なくしては何も得ることはできない。理知や感情の働きは重要であるが、外界に働きかけるという身体の働きに代わることはできない。念力で物を動かしたりすることなど誰にもできないのである。

上の図を見てほしい。この図には「感情」「理知」「身体」による役割が示されている。私たちの取組は、これら３つが正しく役割を果たすことで、成果を生み出すことができる。

感情には「感情用件」、理知には「理知用件」、身体には「身体用件」というものがある。それらにはそれぞれの役割と用件がある。

これらの用件を見て分かると思うが、外界に対して働きかけるためには必ず身体を使って行動を起こさなくてはいけない。喜びを伝えるときには「微笑む」という行為が必要であり、考えを伝えるときには「語る」という行為が必要となる。感情がいかに良い気持ちを感じても、理知がいかによいアイデアを考えても、行動しなければ、それらを外界に伝えることはできない。すなわち、**身体は人の内面と外界とを繋ぐ門なのである。**

私たちの仕事が、成果に結びつかなかったり、ストレスに満ちたものになるのは、これら感情・理知・身体がそれぞれのなすべき用件に向かっていないことが原因している場合が多い。

例えば、少し行動すればよいところを机上で考え過ぎて悩んでいたり、少し考えてから行動すればよいところを何も考えずにバタバタと動いたり、心を込めて話せばよいのにぶっきら棒に要件だけを伝えてしまったりといったことは、何か感情・理知・身体の働きが不適切でバランスを欠いていると思われてならない。

今、自分は感情・理知・身体のうち、どれを機能させたらよいかを考えるのである。それら3つの機能を用件によってうまく使い分けて、物事に対処させることができれば、大きな成果を得られるはずである。しかし、それらの機能と用件が一致していなければ、物事をうまく処理できない。感情や理知では物を動かすことはできない。また、身体では思うことはできないのである。

行動が大切であるといっても、なかなか行動できない人もいることだろう。しかし、そのような人であっても、小さなことであれば実行できるはずである。それはほんの些細なことであっても構わないのだ。

相手とのコミュニケーションの中でも、小さな行動を相手から引き出すことができる。その小さな行動の一つは「語らせる」ことである。

「語る」ということはそれ自体が既に「小さな行動」である。相手は前向きなことを語ることによって、理知によって道を見い出し、感情にエネルギーを与えることができる。

相手に真理を語らせる上で最も有効な手段の一つは、相手に「質問する」ことである。あなたが効果的な質問をすることで、相手は無意識の海に浸かった自身の感情の中にある「答え」を意識的に探し、見い出し、それを理知により言語化するのである。自身で見い出した答えは、他者から押し付けられた答えより、その人にとって強い説得力を持つはずである。

第7章　自らレールを敷く

Uが選択を決める

あなたは最近、何かを選択する機会があっただろうか。このように尋ねられると、すぐに思い浮かばないかもしれない。しかし、よくよく考えてみると意外なほど多くの選択を毎日していることに気づくはずである。

「今日の昼食は、A定食にしようか、B定食にしようか」「週末は、街へ買い物に行こうか、それとも家でゆっくり過ごそうか」「この報告書を今日作成しようか、明日にしようか」などである。

私たちはこのようにさまざまな選択を日々行っている。そして、それらの多くはそれほど重要でない些細な選択で、選択による影響が小さい「低次元の選択」と言える。

その一方、さまざまな選択の中には私たちの行く末を決めてしまうような重要な選択も潜んでいる。そのような選択は「高次元の選択」と言える。

「高次元の選択」は「低次元の選択」に比べて、選択による影響が大きい。これら2つの選択は文字通り次元が異なるため、たとえ数多くの「低次元の選択」を重ねたとしても、それらの結果は、一回の「高次元の選択」によって得られる結果には到底到達できないものである。「高次元の選択」は「低次元の選択」とは全く異なる世界へ、選択する人々を連れて行くのである。

あなたは「選択の機会を選択しよう」と考えたことはあるだろうか。

これは先に述べた「低次元の選択」「高次元の選択」などさまざまな選択の機会がある中から、一つの選択の機会を選ぶということである。

「選択の機会」とは、単なる「選択肢」とは異なる。「選択肢」は木の枝にたとえることができるが、「選択の機会」はそれら選択肢という枝が幾つか繋がった木の幹と言える。

多くの人々は一本の木に向かうと、その木しか見ようとしない。そして、その木に繋がった幾つかの枝からよい枝を選ぼうとする。しかし、最もよい枝を選びたければ、枝を選ぶ前に、木を選ぶべきである。

例えば、あなたがセールスパーソンであると考えてほしい。あなたの属する営業部は本部から送られてくる見込顧客リストを使って、そこに載っている見込顧客に電話や訪問をするというやり方でこれまで営業してきた。

本部の指示では、これがもっとも効率的な営業方法ということである。ただ、沢山ある見込顧客リストの中からどのリストを使うかは各セールスパーソンに委ねられている。

このとき本部からあなたに与えられた選択の機会は「どのリストを使って営業するか」であるが、この選択の機会は「低次元の選択」であり、「これでは成果は限定的である」とあなたは気づくようになる。

そこであなたはリストを使うことなく、もっと効果的な営業方法は他にないかと探し始めるのである。これこそが「高次元の選択」の機会を求めることである。

私たちは一つの選択の機会に向かうとき、他の選択の機会が見えなくなってしまうことがある。しかし、**高次元の選択の機会を選択することは可能性を大きく広げることになる。そして、その高次元の選択の機会において最善の選択肢を選ぶことは、高い価値を生み出すことに繋がる。**これが最善を選択するフローである。


〈最善を選択するフロー〉

1、高次元の選択の機会を選ぶ

↓

2、最善の選択肢を選ぶ

では、どのようにしたらこのフローを実践することができるのだろうか。その鍵を次に示したい。

〈最善を選択する鍵〉

1、正しい目的を持つ

2、「ズームイン」と「ズームアウト」の2つの見方を持つ

●正しい目的を持つ

「正しい目的を持つ」とは、目的についてのUを持つことである

私たちは目的を持つとき、混沌とした物事に良し悪しを分ける線を引くことになる。すると目的に対して、その選択が「高次元」であるか「低次元」であるかが明らかになる。

例えば、ある独身の男性が「結婚して幸せな家庭を築きたい」という目的を持っているのであれば、そのような男性は「デートでどのような靴を履いて行こうか」という選択以上に「デートの相手を誰にしようか」という選択の方が高次元の選択と言える。

また、デートにいく相手を選ぶにも「幸福な家庭を共に築いてくれる女性」という選択基準があったほうがよい選択ができるにちがいない。

目的がないときには、漫然と受動的に選択していたものが、目的が存在するときには能動的に高次元の選択の機会を求め、目的に適った選択をすることができるのである。

また、正しい目的を持つことは「目的」と「手段」の混同を避けることにもなる。「デートによい身なりをしていくこと」はデートの目的を果たす一つの「手段」であり、デートの「目的」とは、「自分にとって最善のフィアンセを見い出し、その相手とよい関係を築くこと」である。目的と手段を混同していては正しい選択はできないのである。

●「ズームイン」と「ズームアウト」の2つの見方を持つ

「ズームイン」とは、局所的な事柄のみに目を向けるという見方であり、「ズームアウト」とは全体像を見るという見方である。

マネージャーの中にはマイクロマネジメントなどと揶揄《やゆ》されるようなズームインの見方しかしない人々もいる。これらの人々は、自分や部下の仕事の細かい点にばかり気を配り、意識をパズルの1ピースか数ピースのみに向けさせる。しかし、そのような仕事では大きな絵を完成させることはできない。

もちろん、個々の社員の仕事は「部分」に対してなされるものであるが、物事の見方については「全体」を見ることが求められる。

多くの社員に欠けているのはズームアウトである。局所的な事柄にズームインしてしまうと、なかなかズームアウトすることができなくなる。

それには次のような理由があると考えられる。


〈ズームアウトしない理由〉
・「ズームアウトして物事を見ることは、自分のような一社員のすることではなく、経営者やマネージャーの役割である」と考えているから。
・「ズームアウトして見てしまうと、仕事が難しくなり、大きな責任を抱えてしまう」と案じているから。
・「ズームアウトして見てしまうと、これまで自分がやってきた仕事の問題点が浮き彫りになり、自分にとって都合の悪い事実が明らかになる」と恐れているから。

ズームインだけで仕事をすることは短期的には楽でうまくいくように思えても、後にそのツケをその人や組織が支払うこととなる。このような仕事では、価値ある成果はほとんど期待できない。

ズームインしかしない人々は、全体の事実の極一部しか理解していないため、自分の働きが全体に対してどのような意味を持つか分かっていない。よって、状況に翻弄されたり、漠然とした不安や恐れにかられたりするのである。

ズームアウトの重要性のみを強調してきたように思われるかもしれないが、ズームインも重要である。

なぜなら、ズームアウトは物事の全体像を捉えることはできても、広範囲の事実を抽象的でぼんやりとしたものに見せてしまう危険性を孕んでいるからである。

バケツの底に開いた小さな穴は、バケツ全体の機能と価値を損なってしまう。このようなバケツの穴はズームアウトでは見つけることができず、ズームインで具に見るときに見つけられるものである。価値ある発明もズームインで発見された事実が発端となっていることが多い。

局所的な小さな事実が、全体に対し影響を及ぼすようなことは日々起こっている。それであるから、このような小さな事実を見極めるためにズームインが必要なのである。

空間的・時間的な広がりの中で、ズームインとズームアウトの両方の見方が、事実認識を確かなものとし、価値あるものを明らかにし、最善を選択することを可能にしてくれるのである。

Uがレールを敷く

前述した「最善を選択する」ことは、これから説明する「レールを敷く」ことを実践する下地となる。また、最善を選択する力がなければ、レールを敷くことはできない。

会社において上司が部下に対して「君は決められたレールの上しか走ろうとしない」などと言って、評することがあるが、そのように口走っている上司も自身の足元を見ると２本のレールの上に、その両足が載っていたりする。

自らレールを敷くことは既に敷かれたレールの上を単に走ることに比べ、遥かに高次元であり、高い生産性を生み出すものである。

ある人は、自分に与えられたレールの上をしっかり走り続けていれば、やがて自らレールを敷くことができるようになると考えている。しかし「レールを敷く」という作業は「レールの上を走る」という作業とは全く別のものであり、その延長線上にあるようなものではない。

「レールを敷く」という機会は誰かから与えられるものではなく、自ら獲得するものである。自ら気づいてその仕事スタイルを変えようとしなければ、決して得られないものである。

よって、ある社員は入社してから退職するまで何十年間も与えられたレールの上をずっと走り続けて会社生活を終えるが、ある社員は入社して早々に自らレールを敷き始める。**人間を大きく二分するのが、この自らレールを敷く能力である。**新しい業務を任せるときに、その業務の目的を伝えただけで業務を進めて結果を出す人がいる。一方で、新しい業務を与えてその目的を説明しただけでは全く仕事に手がつかない人もいる。

後者は自分の立っている点と目的とを結ぶ線が引けない人であり、白いキャンバスを与えられると、何を描いたらよいか分からなくなってしまう素人の画家に似ている。このような「ホワイト・キャンバス・シンドローム」に陥ってしまうようでは大きな収穫は期待できない。

レールを敷くために、人々に求められるものは何だろうか。「レールの敷き方についてのノウハウ」「現状を把握するための情報集約能力」「レールを敷こうという意志」などいろいろ考えられるが、**私はレールを敷くために求められるものとは「目的についてのU」であると考える。目的が何かを理解し、その価値を知るときに、人は大胆かつ主体的にレールを敷くことができるのである。**

レールを敷く手順

レールを敷く手順は単純であり、次のようなものである。

〈レールを敷く手順〉（次図参照）

1、現状の点（●）を記す

2、会社の目的「福利貢献」の点（★）を記す

3、現状の点（●）と会社の目的の点（★）を直線で結ぶ

4、直線上で現状の点（●）と会社の目的の点（★）の間に中間ゴールの点（☆）を記す

5、中間ゴールを果たす上での課題の点（＋）を記す

6、課題の対策（↴）を記す。

この手順によって現状（●）から中間ゴール（☆）まで引かれた線があなたの歩むべき当座のレールである。

中間ゴールは現状と会社の目的とを結んだ直線上に設定し、もし線上から外れていれば、

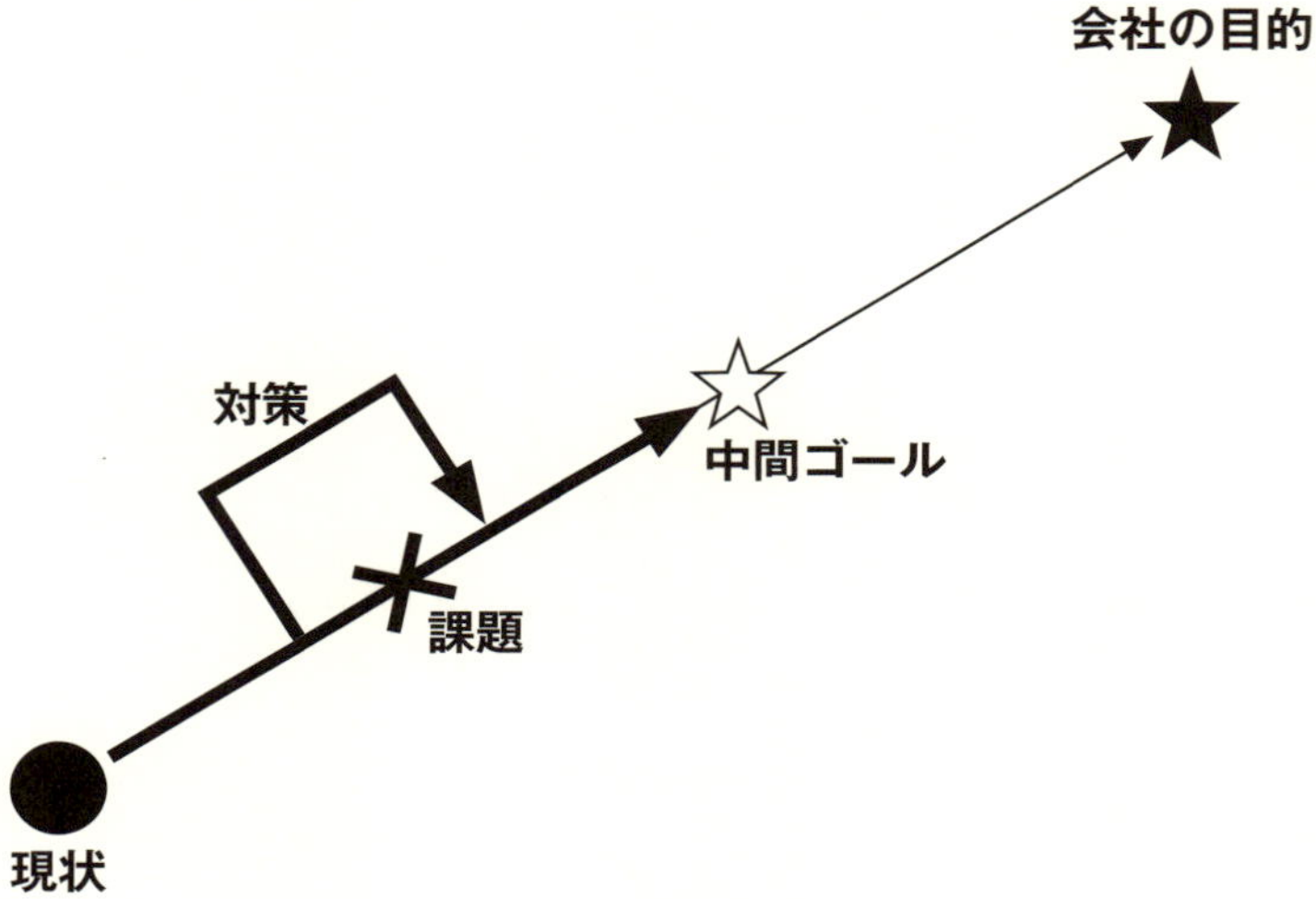

あなたは会社の目的とは違う方向に向かってしまうか、それに向う上で非効率なレールを敷いていることになる。

すなわち、中間ゴールを決めるときには「会社の目的（福利貢献）」を反映させたものとする。もし中間ゴールに「福利貢献」についての要素が盛り込まれていなければ、それは「会社の目的」に向かう線上から外れていることになる。

次のものは「福利貢献」を盛り込んだ中間ゴールの事例である。

〈中間ゴールの事例〉

・当店をお客様にお喜び頂ける店舗とし、顧客満足度を70％以上に向上させ、収益を10％上げる

・顧客にご満足頂けるようサービスを改善し、シェア８％以上を確保する
・他社のいかなる製品にも負けない高品質で低コストの製品を開発することで技術者に成長と達成感を与える。同時に売上を20％以上伸ばし、より多くの顧客にお喜びいただく

このように中間ゴールに「福利貢献」の要素を盛り込むことで、会社の目的を意識し、感情のエネルギーを誘発することができる。

中間ゴールはさらに取り組みやすくするために、「短期的なゴール」「個別組織のゴール」「個人のゴール」などに細分化することができる。そして、それらの中間ゴールは、数値などで評価し得る物差しを与えることが望ましい。

中間ゴールが組織やグループに関わるものであれば、そこに属するメンバーが中間ゴールの設定に参画し、その決定に関わることで、中間ゴールをメンバーにとって生きたものとすることができる。

次の図はある店舗において中間ゴールを設定した事例である。この店舗のメンバーがどのような「中間ゴール」を設定し、またそこに向かう際の「課題」を洗い出し、「対策」を立案したか参考にしてほしい。

この地図において「現状」「中間ゴール」「課題」「対策」の見直しや書き換えは随時行い、

いつまでも最初に作った内容が変わらず掲げられていることがないようにすべきである。なぜなら、状況は刻一刻と変化しており、変化させているはずだからである。この地図において、いつまでも書き換えられない項目は「会社の目的」だけである、これは、回り続けるコマの中心以外は全て動き続けることを意味している。

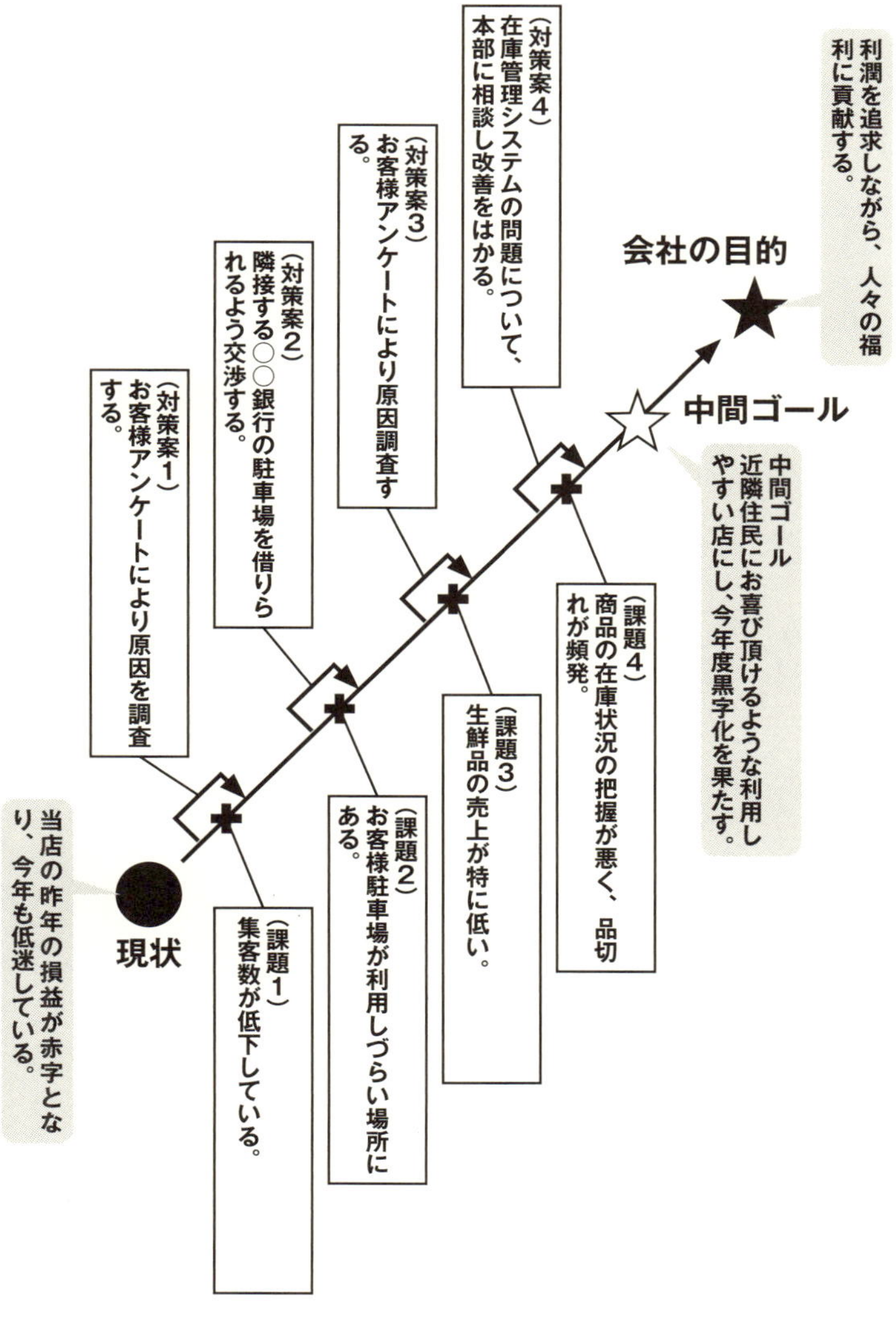
当店の昨年の損益が赤字となり、今年も低迷している。

現状
（課題1）集客数が低下している。

（対策案1）お客様アンケートにより原因を調査する。

（課題2）お客様駐車場が利用しづらい場所にある。

（対策案2）隣接する○○銀行の駐車場を借りられるよう交渉する。

（課題3）生鮮品の売上が特に低い。

（対策案3）お客様アンケートにより原因調査する。

（課題4）商品の在庫状況の把握が悪く、品切れが頻発。

（対策案4）在庫管理システムの問題について、本部に相談し改善をはかる。

中間ゴール
中間ゴール 近隣住民にお喜び頂けるような利用しやすい店にし、今年度黒字化を果たす。

会社の目的
利潤を追求しながら、人々の福利に貢献する。

第8章　Uを会社の中心に置く

One Changes All《ワンチェィンジズオール》

1人のUは世界を変える可能性を持っている。

例えば、あなたが大きなコンサートホールに、聴衆の一人として座っているところをイメージしてほしい。そこにはあなた以外に多くの聴衆が座席を埋め尽くし、それら聴衆の話し声や物音がざわざわとホール内に響いている。聴衆は5000人とも、10000人とも思えるほどの人数である。

そこに1人の青年ピアニストがステージの脇から現れ、聴衆に向かってお辞儀をする。青年は頭を上げると、聴衆の雑音など全く気にしないかのように、ピアノに向かい、そこに座る。そして、手を鍵盤の上に置き、細い指で丁寧に音を刻み始めるのである。

青年の刻む音は美しいメロディーとなってホール全体に響き渡り、人々の注意は青年の奏でる音楽に集まる。おしゃべりをし、物音を立てていた人々は水を打ったかのように静まりかえり、その青年の麗しい演奏に聞き入る。

そして、ホールには美しいピアノの音色だけが響きわたり、人々は演奏の美しさに感銘し、その場に居られたことに深い感謝と喜びを覚えるのである。

この話はこれから述べようとする「One Changes All（一つが全てを変える）」ということをよく表している。

今の時代はまさに「One Changes All」の時代である。情報技術や交通手段の発達により、世界がボーダーレス化し、各地域や人々を分断する障壁が取り除かれ、一人の人間や一つの事柄の影響が広く波及し得る時代である。

そのような時代において、高いＵを持つ人が与える影響は膨大なものである。

先の話にあったように、何千何万人という聴衆が全くできなかったことを一人の青年がやってしまうことが可能なのである。多くの聴衆と青年ピアニストを分けるものは何だろうか。それは単に役割や立場の違いではない。そこには明らかにＵの違いが存在している。

「成功の秘訣、それは大きなビジョンがあるかどうかだ」と語ったマイクロ・ソフト社の創業者ビル・ゲイツは、ＩＴ世界を変えた「Ｏｎｅ」と言える。

ところがこのような時代であっても、多くの会社ではＵを十分活用できていない。最高のピアニストにピアノを預けず、Ｕのあるところにエネルギーや資源や機会を与えていないのである。

勝利する野球チームの監督は４番打者に誰を据えるか、先発投手に誰を登板させるか、よく心得ている。その選択をぼんやりしてしまうと、チームや試合の勝敗がどうなるか、よく分かっているのである。

多くの経営者やマネージャーがＵと全く違う所に目を向け、人々を評価している。学歴・ポスト・外観などの外形的な基準だけで評価しているケースもある。しかし、そのような評価基準では会社に成果をもたらすことはできない。

これは人を評価する立場にある経営者やマネージャーのみに限ったことではない。Ｕを持ち得る社員もこのことを深く理解し、自身の内にあるＵの価値を軽視しないようにすべきである。

例えば、あなたがジャンボジェット機の優秀なパイロットであったとしたら、一度、飛行機を動かし始めたら、操縦桿をパイロット以外の人に握らせてはいけない。たとえ乗客がコックピットに押し入って「私は乗客だが、操縦させてくれないか」と言っても、またはあなたの属する航空会社のＣＥＯが同乗し「私は会社の最高経営責任者だが一度も操縦させてもらったことがない。私にしばらく操縦させてくれないか」と頼んでも、操縦桿を彼らに預けるようなことがあってはいけない。

もし、彼らの依頼に応じてしまったら、飛行機は事故に遭うか、墜落するかもしれない。

あなたの操縦する飛行機には向かうべき目的地があり、そこへ乗客を安全に送り届けるという目的がある。よって、操縦に関するUを持たない人々に操縦桿を預けてはいけないのである。

しかし、会社において多くの社員はUを持っているにも関わらず、容易に権威者の要請に迎合して操縦桿を明け渡してしまう。自分自身がその課題について一番よく理解しており、解決策を知っているにも関わらず、上司や権威者が全く違うナンセンスな解決案を提示すると、それがうまくいかないと分かっていても、自分の提案を引っ込めて、権威者の案を受け入れてしまうのである。

当然、そのような姿勢では望ましい結果は得られない。結果が最悪になってしまった時に「私は上司の言われた通りにやっただけです」という言い訳だけが残るのである。しかし私たちは「言い訳」を作るために働いているのではではない。価値ある成果を生み出すために働いているのである。

成果を得るためには、いかなる権威もUに対して優先させるべきではない。

また、私たちは組織で何かを決めるとき、「多数決」という議決方法をしばしば用いる。しかし**成果を得るためには、Uを持たない大多数の意見よりも、Uを持つ一人の意見を優先すべきである**。

多数決は決して悪い議決方法ではない。ただし、それはその議決に参加する人たちがその決定の結果を受け入れる上で良い方法であるというだけで、高い成果を得る上で最善の方法ではないのである。

かつて、天文学者ガリレオ・ガリレイは現在では当然のこととして受け入れられている地動説を、当時の宗教的教義とされた天動説に対して唱えたため、宗教裁判にかけられ有罪とされた。

また、フィンセント・ファン・ゴッホは優れた画家であったにも関わらず、生前は大衆に認められず、心を煩いながら若くして亡くなった。

このように、その時代その時代において大衆に認められなかったUは数多とある。Uが必ずしも大衆の側にあるわけではないのである。

会社は権威者や大衆に答えを求めるのではなく、Uに答えを求めるべきである。

なぜなら、現代は「One Changes All」の時代だからである。

Uを見極める「6つのA」

Uを持つ人々を集め、組織するならば、会社は飛躍的に高められる。そのためにはUを正しく見極めることが求められる。Uを見極めることなくして、人々を効果的に採用したり、配属したり、昇格させることはできない。ここではUをどのようにうまく見極めることができるかについて話したい。

Uがおろそかにされる理由の一つは、Uが見極めづらい点にある。しかし、Uは直に目で見ることはできないが、その「影響」を知ることはできる。Uの与えるさまざまな影響の中で、Uを見極める物差しとなり得るものについて考えるとき、次の６つを挙げることができる。私はこれらの頭文字をとって「６つのA」と呼んでいる。

〈Uを見極めるための6つのA〉

1、Awareness《アウエアニス》……………認識（考え）
2、Action《アクシヨン》…………行動
3、Attitude《アテイトユード》……………態度
4、Ability《アビリテイ》………………能力
5、Automatic Action《オートマチツク　アクシヨン》……習慣、無意識的行為
6、Achievement《アチーブメント》…………成果

人々のUを見極めるときには、これら「6つのA」と真理とのズレを見ればよい。

例えば、ある自動車整備工の採用を判断するときには、その整備工が自動車整備技術に関するUを、どれくらい持っているかを見極めることになる。

そのためにはまず彼と話し、彼が自動車整備に関する正しい知識を十分持っているか、その認識（Awareness）を確認する。

次にその整備工が述べた知識を実践できるか、その行動（Action）を実技試験などで確かめる。その実技試験の際には、彼の態度（Attitude）や腕前（Ability）もチェックする。その態度が落ち着きなく、手際が悪ければ、Uが高いとは言えない。

そして、できれば彼に工場で研修する機会を与えて数日働いてもらい、彼の作業における癖や習慣（Automatic Action）などを見ることができれば、Uについての評価精度を高めることができる。

最後に、それらの作業によって整備された車は良好か、その成果（Achievement）を確認するのである。

このように6つのAによって、整備工の整備技術に関するUを見極めることができる。6つのAが一致して自動車整備についての高いUを示していれば、整備工は採用となる。

人の示す６つのＡを見るとき、その人が第３章で述べた４つのレベルのＵの中でどのレベルのＵを有しているかが分かる。

すなわち、その人が正しい「認識」を示せば第１と第２のレベルのＵを、正しい「行動」を示せば第３のレベルのＵを、好ましい「態度・能力・習慣・成果」を示せば第４のレベルのＵを備えていることが分かる。

次の図は６つのＡと真理とのズレをイメージとして表したものである。

図Ａにおいて、１～６全てのＡのベクトルが指し示す方向は真理のベクトルが指す方向と一致しており、Ｕが高いことを表している。

しかし図Ｂでは、６つのＡのベクトルが指し示す方向が真理のそれと一致しておらず、Ｕが低いことを表している。

図Ｂでは「４、能力」と「５、習慣」のベクトルが真理のベクトルに対し大きくズレており、能力と習慣が十分身についていないことが分かる。そのため「６、成果」のベクトルも真理のベクトルに対し大きくズレており、成果が十分得られていないことがうかがえる。

このように**６つのＡと真理とのズレを見ればＵが高いか低いかを判断できる。すなわち、６つのＡと真理とにズレがなく、一致しているときＵは高く、ズレが大きいときＵは低い**

図A

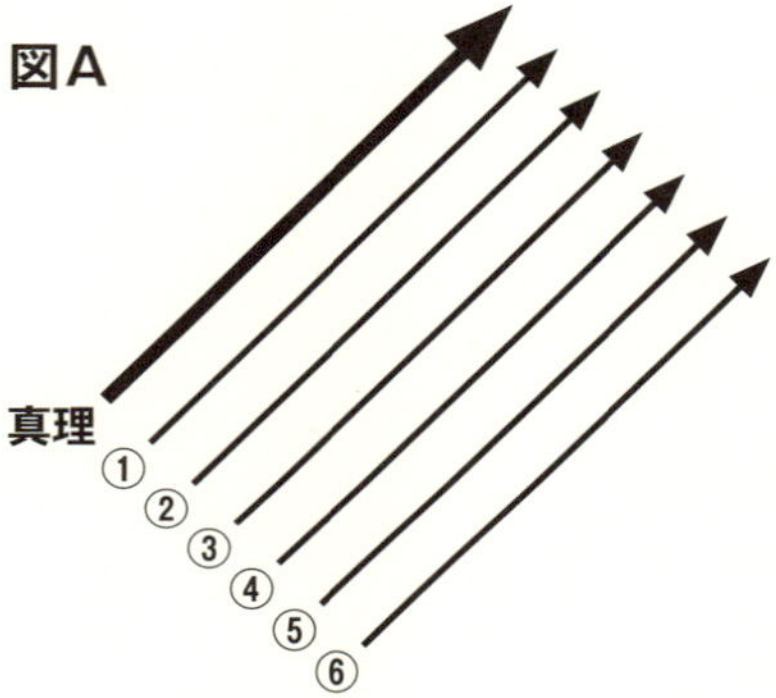

図B

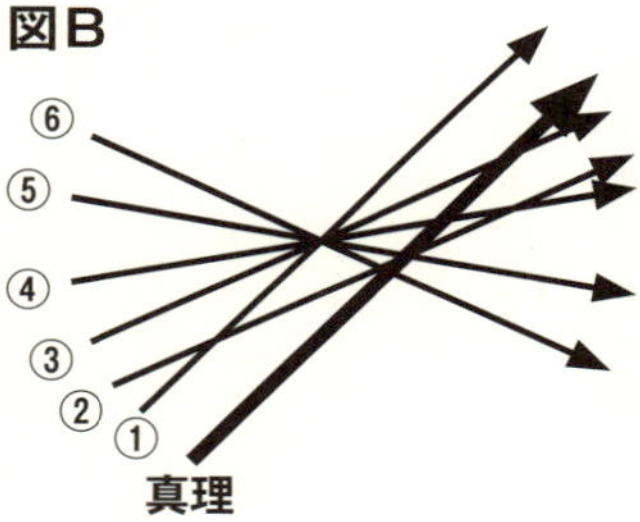

のである。

6つのAの中で最も端的にUを物語るものは「成果」である。**人が継続的に成果を生み出しているならば、その人のUは高いと考えて間違いない。**ただし、それには当然、それらの成果がその人によって生み出されたものであることが条件となる。

また、Uは6つのAで見極めることができるが、Uを見極める能力は人によってさまざまである。ただ、Uの高い人はUを見極めることに秀でている場合が多い。

それだから、Uを評価する際には、Uの高い評価者が評価するほうが効果的である。優れたシステムエンジニアを採用したければ、社内の優れたシステムエンジニアを評価者として採用活動に参加させるべきである。

Ｕの高い社員を採用活動に動員し結集させるならば、効果的な人事採用ができるはずである。

評価すべきＵを定める

人々のＵを見極めることについて説明したが、Ｕを見極め評価する以前に行うべきことがある。それは評価すべきＵを定めることである。このことを理解するために、次のようなケースにあなた自身を当てはめて少し考えてみてもらいたい。

〈評価すべきＵを考えるための事例〉

あなたは郊外に住むビジネスパーソンである。あなたの家族は今年の夏の休暇に10日間の家族旅行を計画している。旅行の計画はほぼ出来上がり、ホテルや航空券なども準備した。

しかし家族が旅行している間に、家族のペットである犬と猫の面倒をみてくれる人がまだ見つからない。旅行は２週間後に迫っており、何とかペットの面倒を見てくれる人を探さなくてはいけない。

そして、あなたはようやく次のような候補者を見つけることができた。あなたは誰にペットを預けるだろうか。

・候補者1、町の便利屋ケン（28才）作業料2万円

「何でも安く請け負います」がケンのモットー。ケンは普段、清掃作業をやることが多いが「おれは動物が大好きだ。ペットもモップも扱いはうまいよ」と言っている。この前、家に面接に来たとき、ペットのトイレをエサのトレイと勘違いし、そこに持ってきたビスケットを投げ入れて、犬に餌としてあげようとしていた。

・候補者2、娘の友達エミ（17才）バイト料3万円

「エミもペットを飼っており、ペットの扱いはよく心得ている」とあなたの娘は言っている。エミはとても明るく社交的な女の子である。ただ少しルーズで、学校では忘れ物が多く、遅刻することもしばしばあるという。バイトを2つかけ持ちしていて忙しいというのがその理由だ。

・候補者3、近所の友人レイ（61才）謝礼4万円

レイはあなたの家族の古くからの友人で、昨年、定年退職し、今は一人で暮らしている。

ペットを飼ったことはないが、責任感が強く、これまで約束を破ったり、嘘をついたりしたことを見聞きしたことがない。

ペットを預かることについて最初は渋っていたが、以前にレイの奥さんが亡くなったときにあなたの家族から助けられたことに恩を感じて相談にのってくれた。

このようなペットシッターの人選は会社における社員の人選に通じるものがある。このようなとき、人々の何をどのような基準で評価するかが問われる。あなたは、このケースにおいてどのような評価基準でペットシッターを選ぶだろうか。

このケースにおいて、ペットの知識や経験について評価するならば、ペットを飼っている「エミ」が一番であろう。しかし、仕事に対する責任感という点で考えれば、間違いなく「レイ」である。そして、気兼ねなく頼めて、安く済ませようとするならば「ケン」がよいだろう。

Uについての評価でポイントとなるのは、「どのようなUを評価するか」「どのようなUが求められているか」ということである。

それを考えるために、まず「評価の目的は何か」を明らかにすることが先決であろう。

このケースでは、ペットシッターを選ぶ目的を最初に決める。すると次のような目的が考えられる。

目的1、「より安い値段でペットを預かってもらうこと」
目的2、「ペットが楽しく過ごせるようにすること」
目的3、「ペットが怪我や病気になることなく安全に過ごせるようにすること」

私であったら、ペットは家族のような存在なので、単に安い値段で預かってもらうという目的1はあり得ない。またペットにとって「楽しいか」ということより「安全か」ということのほうが重要であると考えるため、目的2ではなく目的3がペットシッター選びの目的となる。

となれば、どのようなUが必要であるかは明白である。

必要なUは「10日間安全にペットを預かることができるU」となる。

このようなUを更に細分化するならば次のようになる。

U1、「人は犬や猫を慈しむべきである」という動物愛護の原則についてのU
U2、「責任や約束を重んじ、それらを果たすべきである」という道義的原則についてのU

Ｕ３、「犬と猫を飼育できる」というペットの飼育技術についてのＵ

結果的に私がペットシッターに採用するのは「友人のレイ」である。きっと読者の多くもレイを選んだのではないだろうか。

なぜならさまざまなＵの中で優先するべきＵは、動物愛護と責任遂行に関わるＵであると考えるからである。それら２つのＵがあれば、ペットの飼育技術などはこれから２週間で身につけることができるはずである。

Ｕを見極めるときには、どのようなＵが必要であるかを事前に定めなければならない。そして、必要なＵを定めるときには、まずはＵを見極める目的を明らかにしなければならないのである。

●Ｕを言語化する

さて「どのようなＵを評価すべきか」ということについて説明したが、ペットシッターの事例において、Ｕ１、Ｕ２、Ｕ３といった「必要とされるＵ」を言語化していくのに少し戸惑いを覚えた人もいるであろう。実際、Ｕを評価するときに課題となるのが「言語化しづらい様々なＵをどのように定義するか」ということである。

本書ではこれまで「会社の目的」についてのUをしばしば扱ってきた。その際にはUの対照となる真理「会社の目的とは、利潤を追求しながら、人々の福利に貢献することである」が言語化され定義されていた。

しかし、実際のところ会社において必要とされるUは他にも多くあり、それらの中には言語化し定義することが難しいものが幾つかある。専門技術に関わるUやコミュニケーションに関わる情緒的なUなどは、無意識の内に身体や感情が理解している事実や真理が対象となっているため、言語化し定義するのが難しい。

例えば、工作機械を長年動かし続けてきた熟練工の持つ金具加工技術に関するUは、どのように定義したらよいのだろうか。これについては当の熟練工であってもなかなか言い表すことができないものである。機械運転の微妙な加減や勘などは言語化されずに身体で覚えてきたものだからである。

このようにUの対象となる事実や真理が言語によってなかなか定義できない場合には、前述の「6つのA」によって定義することができる。

熟練工の加工技術に関するUでは、「寸法規格に適合したL型金具を一分間に十個以上、切削加工できるU」という具合に定義するのである。ここでは「能力」や「成果」といったAによってUを定義している。

つまり、Ｕを定義するときには次の二通りの方法を用いることができるのである。

〈Ｕを言語により定義する方法〉

・方法１、Ｕの対象となる事実や真理によってＵを定義する
「～という真理についてのＵ」

・方法２、Ｕにより生み出される６つのＡによってＵを定義する
「～というＡを生み出し得るＵ」

先のペットシッターにおけるＵ１、ｵ２は方法１によって定義されたものであり、Ｕ３および「10日間安全にペットを預かることができるＵ」は方法２によって定義されたものである。

これまで人々のＵを評価することについて説明してきたが、Ｕを評価する流れをまとめると次のようになる。

●Ｕ評価の流れ

１、Ｕを評価する目的を明らかにする

2、評価すべきUを定める（Uを言語によって定義する）

↓

3、6つのAでUを見極める

↓

U評価は概念的なものではなく、実践的なものである。ただ、見極める側の力量が評価結果を大きく左右することも事実なのである。

「N」という課題

人々のUはすぐに高められるものではない。

多くの人はUを容易に変え得るものであるかのように誤解している。そのため、会社や組織の成長や変革を、特定のリーダーや社員のUの成長のみに依存するという間違いを犯す。Uは決して高められないと言っているのではない。ただ、一般的にUを高めるには思いのほか時間がかかるということである。

経営や組織管理は夢物語ではない。現実を直視しなくてはいけない。「会社においてUを見据える」ということは「会社がありのままの事実に向う」ことを意味する。社員のＵが高い状態は、社員が事実を拠り所にして行動することを意味している。Ｕが下がるときには人々の働きの成果は非現実的なものとなっていく。

結果を出せない経営者やマネージャーの多くは現実直視に問題がある。そのような責任ある人々のＵの欠如は大きなダメージを会社にもたらすこととなる。

このように**「事実や真理に対して理解のない状態」を「No understanding（無理解）」の頭文字をとって、「Ｎ」と私は呼んでいる。**

ＮはＵとは対照的な存在である。Ｕが会社の収益の80％以上を叩き出す一方、Ｎはそれに依存する。Ｕは御輿《みこし》を担ぎ、Ｎは御輿にぶら下がる。Ｎが会社において大きな割合を占め、会社にとっての致死量に至ると、会社は速やかに生命を失う。

Ｎは会社にとって厄介な存在なのである。だからと言って、Ｎを排除すべきであると言っているのではない。なぜならＮとＵとはどちらも繋がりを持った「理解」という連続的な分布の一部を為す存在だからである。

Ｎは分布の最も下端に位置し、Ｕはその上端に位置する。よって、**Ｎを排除するのではなく、Ｎを理解し、Ｕに変わるよう支援するのである。**現在、Ｕである人々も、かつてはＮだったからである。

とは言いながらも、Nをすぐに U に変えることは困難である。それは打率一割のバッターに、明日から打率三割以上打ってほしいと望むようなものである。

Nに真理や事実をすぐに理解してもらうには限界がある。Nは下向きに置かれたコップのようなもので、沢山の価値ある情報を注いでも、ほとんどその中に入ることはない。

Uとは人の歴史であり、人そのものでもある。それは貴い内的価値であり、自己実現の成果である。このようなものは今日明日で変わることはない。よって、会社において、Uを養い育てることと同様に、即戦力を得るためにUを集めることが重要なのである。

自身のNを改めず、ずっとNに安住し続けようとする人々には注意しなければならない。

なぜなら、Ｎが会社の中心を占めると、Ｕは会社の端に追いやられ、会社はファンタジーに酔いしれた後に終焉を迎えることになるからである。

Ｎに対処する3つの方法

人々は仕事をするときにＮに出くわす場面がたびたびある。

会社にとって有益な決定がＮによって阻害される。あなたが目的志向の強い社員であるならば、きっとＮに対してイライラさせられる場面が幾度かあるだろう。また、Ｎから同意を得なくてはいけない場面、協力をもらわなくてはいけない場面もある。あなたはそのような時どうするだろうか。

念入りに資料を準備して、Ｎに対して効果的なプレゼンテーションを行い、承諾をもらうよう努めるだろうか。話し合いの場を持って、じっくり時間をかけて話し合うだろうか。さもなければ相手の意向を受け入れて、自身の提案を取り下げるだろうか。

次に挙げることは「Ｎへの対処方法」をまとめたものである。

〈Nへの対処方法〉

1、Nの本心を見抜く

2、Nにそのウォンツに応じた役割を与える

3、Nではなく、Uを中心に据える

これらのことを理解するために、ノーベル平和賞を受賞したグラミン銀行の創業者ムハマド・ユヌスの経験を紹介したい。

ムハマド・ユヌスはかつて貧困者を対象とした小額融資「マイクロクレジット」を貧困者救済のために展開しようと試みた際に、さまざまな官僚的なNによってその取組に水を差された。ユヌスにとって最も厄介だったのはこのNという課題だった。

1976年、当時バングラデシュにおいて大学教授であったユヌスは、貧困者への小額融資の資金協力を依頼するためにジャナタ銀行チッタゴン大学支店を訪れた。しかし、銀行支店長の対応はユヌスが期待したものとは程遠いものであった。

以下はユヌス（ユ）と支店長（支）とのやり取りを再現したものである（『ムハマド・ユヌス自伝―貧困なき世界をめざす銀行家』早川書房、ムハマド・ユヌス著、アラン・ジョリ著、猪熊弘子訳を基に構成）。

（ユ）「ジョブラ村の貧しい人々に資金を貸してほしいんですよ。借りたい金額はごく少ないんです。彼らは朝から晩まで、まるで奴隷のように働かされています。高利で資金を貸し、彼らの製品をすべて買い上げてしまうパイカリ（仲買人）の支配下に置かれていて、自由に商売をすることができない状態なんです」

（支）「なるほど。私も金貸しのことは聞いています」

（ユ）「だからこそ、私は今日こちらにお邪魔したわけです。そんな暮らしをしている村人たちに、お金を貸してくれるように頼もうと思ったんですよ」

支店長は口をあんぐり開けた後、ゲラゲラ笑い始めた。

（支）「そんなことはできませんよ」

（ユ）「なぜできないんです?」

（支）「いや、困ったなあ」

彼は、できないという理由をいつ果てるとも知れない長いリストのように一気にまくし立てた。

次に挙げるものは支店長が貧困者に対して融資できない理由を述べたものである。

理由1、「あなた（ユヌス）が貸してほしいとおっしゃるような小額の資金では、融資申し込みの文書類を作成するためにかかるコストさえまかなえないからです」

理由2、「そういう人々は読み書きができないわけですよね。だから、ローンの申込書に必要事項を書き込むことさえできないでしょう」

理由3、「彼らには担保するものがないからです」

理由4、「銀行の規則だからです」

理由5、「ローンを組む権限は本店にしかないんですよ」

支店長の述べた理由に対するユヌスの反論は次のようなものだった。

理由1の反論、「貧しい人たちにとっては、その資金は（小額ではあるが）本当に重要なものなんですよ」

理由2の反論、「バングラデシュでは人口の75％の人たちが、読み書きができないんですよ。申込書に自筆で書き込むなんていうのは、ばかげた要求です。私が、うちの学生に頼んで、ボランティアでその書類を書いてもらえばいいでしょう。そうすれば何も問題はないはずです」

理由3の反論、「ちゃんとお金が返ってくるならば担保なんかいらないじゃないですか。彼らは食べるために、物を売って金を稼がなければならないんです。次の日も生きていくためには、まずあなたたちに金を返して、それから翌日分の金を再び借りなければならない！　そのことこそ、あなたたちにとって一番の保証なんじゃないでしょうか。彼らの生活そのものが保証になりうるんです」

全理由の反論、「規則を変えればいいと思うんですがね」

ユヌスはこの支店長と長々と話し、申し出を断られた2日後に、今度はジャナタ銀行のチッタゴン地方のトップであるハウラダー支社長にも同様の相談を持ちかける。けれども、そこでも支店長のときと同様に貧困者への融資を断られてしまう。

ではこの後、ユヌスはどうしただろうか。支社長の考えを変えるように取り組んだだろうか。それとも支社長の考えや気持ちが変わるのをじっと待ち続けただろうか。

ユヌスはそのどちらもしなかった。ユヌスはこれ以上、性急に彼らのNをUに変えようとはしなかったのである。その代わり彼らの不足したUの状態で、彼らができることを考えた。彼らの低いUにより生じる彼らのウォンツを見据えたのである。

支社長のウォンツとは「従来からの銀行の規則に従い業務を進めたい」というものだった。そこで、ユヌスは自身が保証人になることで、貧困者らに1万タカ（当時のレートで約315ドル）貸し与えてほしいと申し出たのである。これならば銀行のルールに大きく反することがないからである。この提案によって、ようやく支社長は「1万タカまでなら」ということでユヌスの求めに応じた。

ユヌスはジャナタ銀行とのやり取りによって、銀行がなぜ貧しい人々を救済することができないか、また銀行が貧困者らをどのように見ているか、ということを理解したのである。しかし、このようなNに対する取組から得られる成果は極めて限定的なものであった。ユヌスの取組の成果を飛躍的に高めたのはNへの対処ではなく、Uとの出会いからだった。

1977年、ユヌスは貧困者ローンと全く関係のない理由で首都ダッカの国立銀行のオフィスにいた。そこで偶然に旧友であるバングラデシュ・キリシ（農業）銀行のアニスズーマン総裁と鉢合わせしたのである。

以下はユヌスとアニスズーマン総裁とのやり取りについて、ユヌスの記述から抜粋したものである。

アニスズーマン総裁は、きわめて話好きで社交的な人物だ。彼は私の姿を見つけると、いきなり熱弁を振るい始めた。

「きみたち学者は私たちの期待に背いている。きみたちの社会的義務にも背いているんだよ。この国の銀行システムはひどく評判が悪い。不正、横領、腐敗だらけだ。何百万タカもの金が、この銀行から跡形も無く盗まれている。誰にいくら貸したか計算している者は誰もおらん。きみたちのように楽しい仕事をして楽しく海外を遊び回ったりしている清らかな手の学者たちとは、確かに違う。私はこの社会に起こっていることにはつくづく嫌になっている。誰もが自分のためだけに生きている。誰も貧しい人たちのことなど考えやしない。だから貧しい人たちはますます貧しくなるだけだ。彼らのためにくだらないことでもしてやろうと考える人もいない」

アニスズーマン総裁はそんなことを言い続けていた。

（ユ）「でも総裁、僕はそんな意見を聞けてうれしいですよ。だって、それを聞いているうちに、あなたが面白がるような企画を今思いついたんですからね」

私は彼に、まだ私の大学の周辺だけで行っている（貧困者対象ローンの）実験について話してみた。

彼は注意深く私の話を聞いていたが、話が進むにつれて、彼の顔の表情が変わってきて、興奮し、熱中しているのが分かった。

「ジャナタ銀行はきみに何と言ってきたんだい?」

「私にすべてのローンを保証しろっていうんですよ。あなたにはこれがどんなに非能率的なことか、想像できますか?」

彼は首を激しく振り、「私にできることがあれば言ってくれたまえ」と言った。

私はうれしかった。それまで数年間活動していたが、完全に自分の味方になってくれる銀行家には出会ったことがなかったからだ。

ユヌスはアニスズーマン総裁との出会いによって、大きな支援を彼から受けることになる。ユヌスは総裁からの支援により「実験的グラミン銀行」をジョブラ村に開設し、潤沢な資金によって貧困者対象ローンを推し進めることができるようになるのである。そして、その取組は国家的にも注目されるような事業へと発展していく。

このユヌスの話にあったように、ユヌスは次のように「Nへの対処方法」を実践したのである。

1、Nの本心を見抜く
↓Nであるジャナタ銀行の支店長と支社長の本心を見抜いた。
2、Nにそのウォンツに応じた役割を与える
↓Nである支店長と支社長の「銀行のルールに固執したい」というウォンツを理解しユヌス自身が保証人となることで、彼らから1万タカという小額の融資を引き出した。
3、Nではなく、Uを中心に据える
↓Nである支店長と支社長ではなく、Uであるアニスズーマン総裁を事業の中心に招き入れた。


もし、あなたがユヌスの立場だったらどのように行動しただろうか。ジャナタ銀行の支店長と支社長に対して説得を続けただろうか。それとも何か代わりの策を講じただろうか。

私たちは往々にして、「べき論」でものごとを考えすぎる嫌いがある。相手に対してその人のUのレベルがどうであるか理解することなく「その人の立場であったら当然～をするべきだ」などと考えてしまう。

しかし、人は「べき論」ではなく「感情」で動くものである。あなたの考える「べき論」

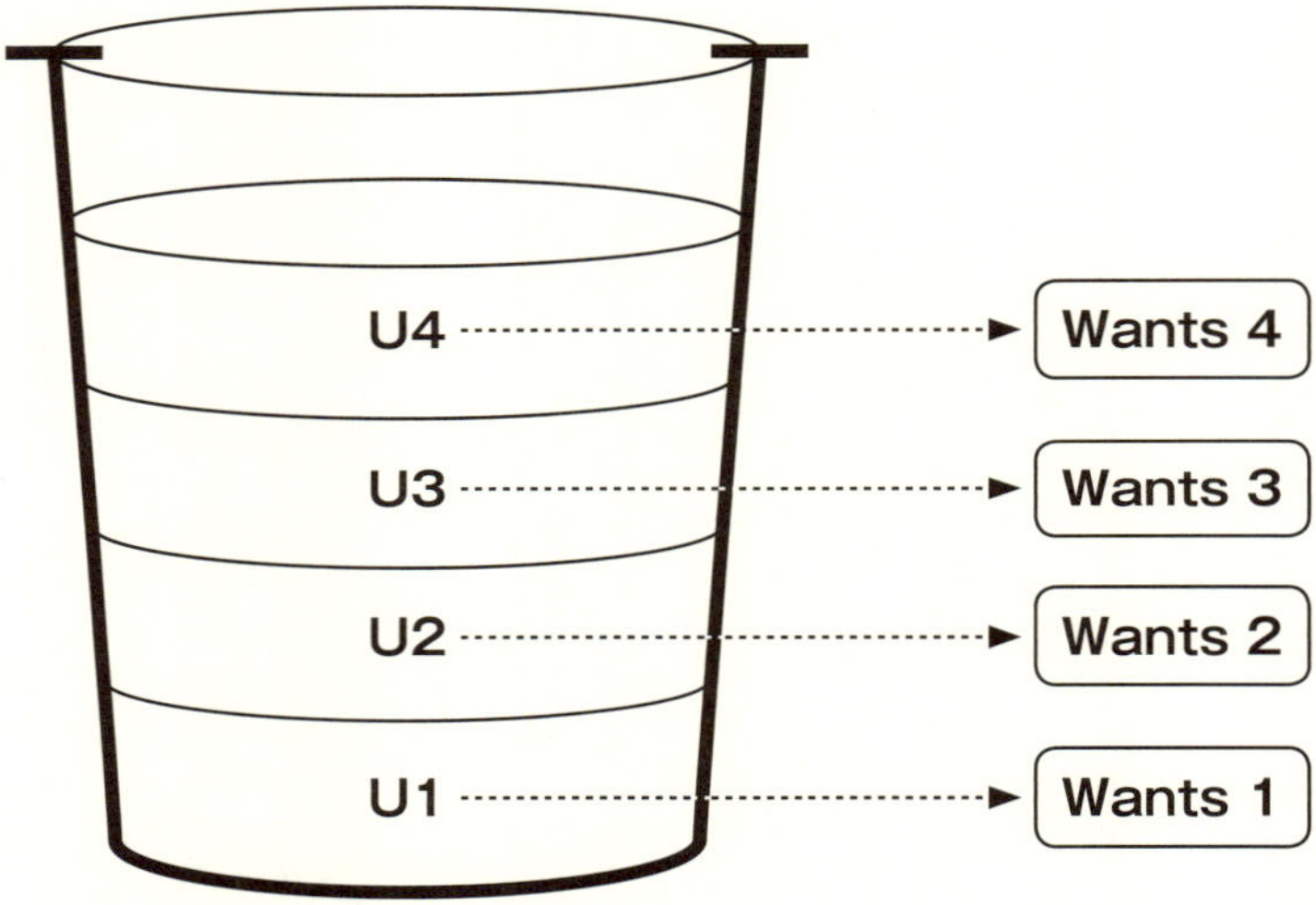

が強すぎて相手を理解せずに勝手なシナリオを思い描くならば、それが拒否されたときに「なぜ！」と嘆くこととなる。このように人々が「べき論」を論じた後に口にする言葉が「なぜ！」である。会社では次のような「べき」と「なぜ」をよく耳にする。

・「彼女は問題を正すべき立場にありながら、なぜ何もしようとしないのだ」
・「彼はこのことを知ったら、すぐに私に連絡すべきなのに、なぜ黙っていたのだろう」
・「そろそろ彼らは何か結果を出すべきなのに、なぜ一向に結果があがってこないのだろう」

私たちはもっと相手の本心を見極める必要

がある。

相手の本心がたとえ真理とかけ離れた不適切なものであっても、それが人の心の内で起こっている事実であるならばそれを批判するよりも理解することが大切である。

個々人のウォンツはそれぞれのＵのレベルによって決められる。すなわちＵの低い人には低いウォンツがあり、Ｕの高い人には高いウォンツがある。それであるから、人々のＵを理解することが人々のウォンツを理解することになるのである。

夫婦喧嘩から世界大戦に至るまで、人と人の間になされる争いの多くは、相手のウォンツに対する不理解と、相手に対する自分勝手な「べき論」や自身のウォンツの押し付けによって引き起こされてきた。

たとえ人のＵやウォンツが低く、その言動がひどいものであっても「それは悪ではなく、その人のＵがまだ低い状態にあるだけなのだ」と考えることができれば、相手へのジャッジや批判を避け、理解する気持ちを育むことができるのではないだろうか。

私たちは相手を非難したい気持ちになったら、すぐにあなたの中で相手のために弁護士を立てて、相手を弁護する必要がある。そして、その弁護士とはあなた自身なのである。

この章では「人選」ということについて論じてきた。人選は如何なる高額な設備投資よりも重要である。なぜならどんなに優れた設備を投じても、Uがなければ台無しになるからである。

人選というものは経営者やマネージャーだけが行うことではない。一社員であっても人選はできる。ある目的のために同志を見出し、共に働くことはできる。

時にはそのような人選や取組はアンダーグラウンドでやることもあるかもしれない。しかし、大きな事業などの創出は、非公式なチームから生まれることが多い。またチームの人選にあたっては社内の人間だけでなく、社外の人間も対象にすべきである。

そのようにUによって築かれたチームは、公式か非公式か、社内か社外か、に関わらず大きな成果を生み出すことだろう。

ここで述べてきたようにUを会社の中心に置くために、効果的な人選は欠かせない。Uは直に目で見ることはできないが、それを見極め、正しく扱うことは、目に見える大きな成果に繋がっていく。

U中心の組織作り

これまでUとNについて、それらが会社に与える影響を説明してきた。UではなくN

が会社の中心を占め、またその大半を占めるとき、会社は弱められ衰退していく。したがって、会社を強め、勝利チームにするには、Ｕを中心に組織を編成しなくてはいけない。

優れたチームを見るとき、そのチームの鍵となるポジションには必ずＵがいる。例えば、強い野球チームには優れたピッチャーがいる。優れたピッチャーとはピッチングについて高いＵを持つ選手のことである。また、フィールディングやバッティングについての高いＵを持つ選手たちもいる。

そのようなＵが作用する事物をＴ（Things《シングス》）と表すと、勝利チームには、理解すべき事物ＴにＵが必ず結び付いた形をとっている。すなわち、ピッチングについてのＴにはピッチャーのＵが、バッティングについてのＴにはバッターのＵが、結び付いている。このようなＴとＵとの結び付きを「Ｔ―Ｕ」と記号で表すことにする。

そして、野球チームにはＴ―Ｕの結合だけでなく、これらＴ―Ｕを一つに繋ぎ止める機能も必要である。これらＴ―Ｕを一つに繋ぎ止める人こそが監督である。

ただ、この監督に求められるＵは選手たちに求められるＵとは異なる。選手たちに求められるＵとはピッチング・フィールディング・バッティングなどの事物Ｔについての Ｕであるが、監督に求められるＵとは選手たちのＵを見極めるＵである。

監督には人の持つＵの実態を理解するＵが必要とされる。そして監督はＵによって、人

【Uを中心とした組織】

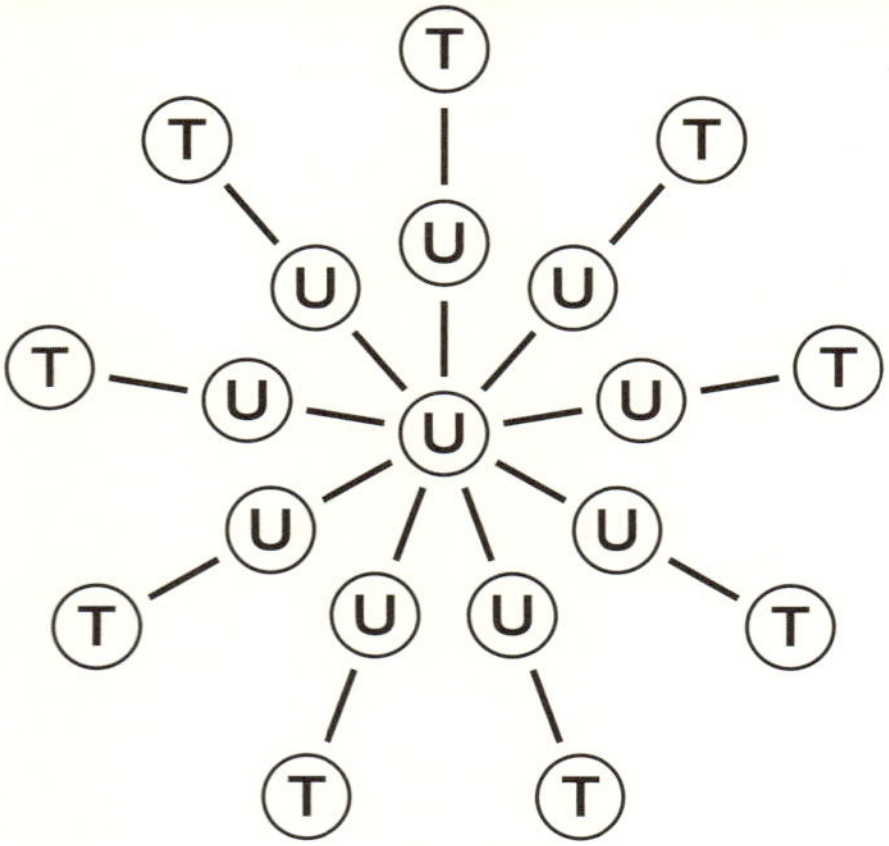

選し、選手に役割を与え、チームの作戦を決める。監督のUによって、チームは組織され、運営されるのである。このような監督のUは、会社における経営者やマネージャーに求められるUと通じるものがある。すなわち、それは人々のUを理解するUである。

監督のUは個々の選手のUを理解し、それらに結び付く必要がある。このような選手のUに対して監督のUが結び付いた状態を「U—U」と記号で表すことにする。

すると、強い野球チームの構図は上の図のようになる。これはチームが勝利するために必要なさまざまな事物Tをしっかりと理解した構図である。このようなチームでは「T—U—U—…」というように、UがTに繋がった連鎖を作っており、チームが勝利するために必要なさまざまな事実を身体的・理知的・感情的に理解していることを表している。この「T―U―U―…」の連鎖こそが勝利チームに求められる条件なのである。

会社においても、経営者やマネージャーは、人選や配属などの際に、このような構図を紙面に描き出さないまでも、どのようなUがどのポジションに必要であるかを考え、配置することが求められる。

もしチームを組織するときに、Uについて考えずに、配属される人々の顔色や面子や権力構図などばかりに気をとられているならば、勝利チームを作ることはできないだろう。

そして、勝利チームの「T―U―U―…」の直鎖の中にNが入ってしまうならば、チームは勝利する上で大きな障害を抱えることになる。例えば、ピッチャーのポジションにNが入るならば、たとえ野手がヒットやホームランを量産し得点を重ねても、ピッチャーが打ち込まれ、それ以上に失点することになる。

会社という組織が野球チームのように、必要とされるUが明確で、それら人々の生み出す成績やチームの勝敗がすぐにはっきり表れるならば、U中心の組織作りは簡単であろう。しかし、会社において必要とされるUを見極めることは容易とは言えず、加えてUについて十分配慮されていないために、NがUとTを結ぶ直鎖に入り込みやすくなるのである。

このように直鎖の中に「T―U―N―U―…」というようにNが入り込むならば、Nは事物についての理解の連鎖を阻害し、組織は勝利することができなくなる。

したがって、それを避けるために、図Aにあるように、Nを直鎖から外してUの側鎖としてぶら下げるのである。そして、Nが成長しUに変わったときに、それをUとTを結ぶ直鎖に組み込めばよいのである。

また、たとえNが「T―U―U―…」の直鎖に入り込まないとしても「T―U―U―…」の直鎖が長すぎるのも問題である。図Bに示すようにUとUの直鎖が長すぎるならば、これも組織の事実認識の抵抗となるからである。よって、「T―U―U―…」の直鎖の長さは必要最小限に留めるべきである。それを具体的に実践しようとするときには、組織の階層を少なくし、一つひとつの組織を小さくすることになるだろう。

これまで述べてきたU中心の組織編成にはバックアップに関わる説明が欠けていたように思う。つまり、組織の安定性を高めるために、補助となるUを備えることについてである。例えば、高いUを持つピッチャーは一人ではなく複数備え、チームの安定性を高めるべきである。また監督についても、全ての責任を一人の監督が担うのではなく、コーチを備えて役割を分担し、必要なときには、コーチが監督の代行をできるようにしておくことが賢明である。

これらのことを構図で表すと図Cのようになる。これは並行的な連鎖をつくることであ

NをUの側鎖にぶら下げる

図A

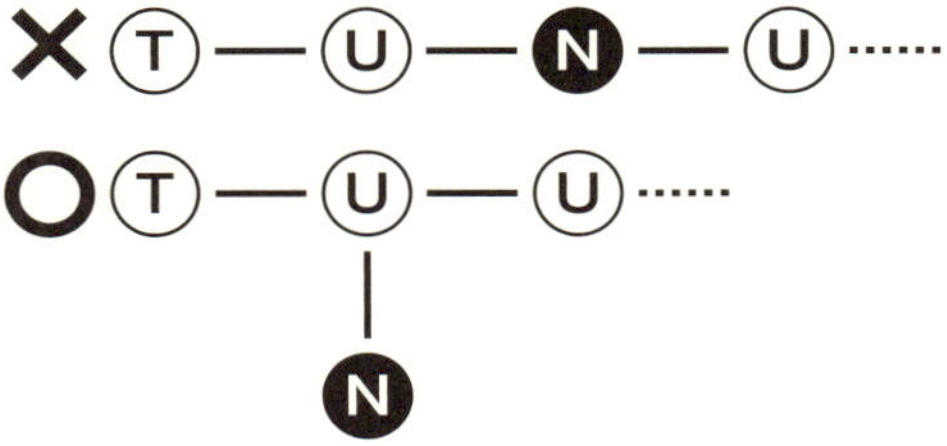

連鎖の長さは必要最小限に

図B

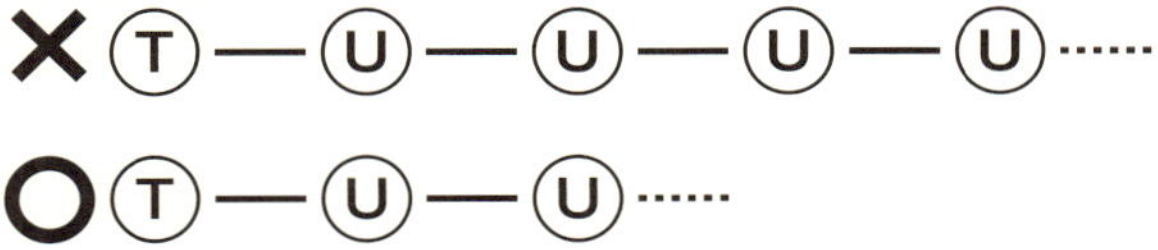

補助となるUを並行的に備える

図C

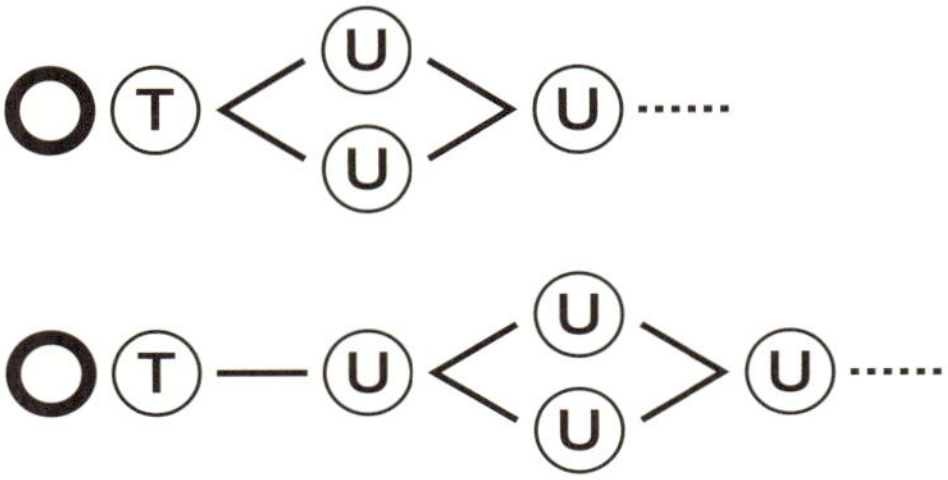

り、並行的に配置されるUにはそれぞれの役割と権限を明確にし混乱を生じないように配慮すべきである。

これまで説明してきたことは、とても簡単で分かりやすいことであるが、さまざまな組織では、あまり実行されていない。それはUを捉えて組織を作ろうとする意識が欠けているためである。

経営学の盲点について

経営学とは、企業の運営について研究する学問であるが、その歴史は１００年程度とまだ浅い。また、この学問が会社経営の現場で十分に役立っているかというと必ずしもそうではない。このように経営学が実用面で十分効力を発揮していないのは、この学問の研究対象である「企業」が、多くの要素が複雑に絡み合って浮き沈みする扱いづらい存在だからかもしれない。

ところが、経営学の学者がさまざまな理論や考えを駆使して答えを模索する一方で、優れた起業家や経営者らが見事に会社に活力を与え、会社を高めていることも事実である。彼らは経営学を知らずとも経験と直観によって既に経営における正解を実践しているのである。

これはどういうことだろうか。優れた企業家が持っていて、経営学に欠けているものとは一体何だろうか。私は本書を通して、経営学の盲点を幾つか突いたつもりであるが、その中で人に関することを幾つかここで述べたい。

●個人の状態についての配慮の不足

まず第一の盲点として、経営学において「人」は組織や集団の一部として捉えられる傾向が強いということである。これは組織を構成する個々の人々の状況に対する配慮が欠けていることを意味する。

いかに理路整然とした理論を会社に応用しようとしても、それが十分効果を発揮するかどうかは、組織に属する人々の状態によって左右される。

例えば、草野球チームにどれだけ高度な戦術を教え、それを実践するよう試みたとしても、その戦術をうまく実践し、プロ野球チームに勝つことはまずないだろう。これは戦術が間違っているのではなく、チームに属する選手の力量の問題なのである。これと同様に経営学の理論についても、それを運用しようとするとき、人々の状態は組織の生み出す結果を大きく左右するのである。

一方、優れた企業家らは、この点をよく理解している。それであるから、彼らは人々の状態について強い関心を示す。そのような企業家はしばしば優秀な社員の必要性を強調し、誰にどのような役割と責任を与えるかということに対して強い拘りを見せる。人選や配属といったことに細やかな神経を使っているのである。

また、社員がどのようにしたらイキイキと喜びを感じながら、起業家のように独創的に働くことができるかということについても、よく考え、工夫を凝らしている。

さらに、彼らは「人事評価」ということをいい加減に済ませることがない。なぜなら、人事評価とは会社の価値観の伝承の重要な機会であると捉えているからである。社員は自分の能力や働きや成果について、会社がどこをどれだけ評価してくれるかを知ることによって、会社がどのような価値観に重きを置いているかということを理解するのである。すなわち、**社員は人事評価によって、自身が評価されると同時に、会社組織を評価しているのである**。

このような個人の状態についての見極めと理解、そして人事評価による価値の伝承は大切であるが、経営学者らはこの点を論じることが少ないように思われる。

その点、本書で紹介したファクターUは人々の状態を判断し理解する有益な道具となると考える。ファクターUに着目することは、「森を見て、木を見ず」という経営学の姿勢に対し、木を具に見ることの重要性を強調するのである。

すなわち、経営学の視点は４章で紹介した式「損益＝事物×Ｕ－事物÷Ｕ」における「事物」に向けられている。たとえ、経営学が人に関わる理論やシステムを論じていたとしても、個人の内面を見ることなく、人を集団として捉えている限りは、それはＵではなく、システムなどの事物に対するアプローチになるのである。

しかし、事物に対するアプローチを多くすることは式から分かるように、無条件で人や会社を益するものにはなり得ない。

優れた企業家は社員一人ひとりと真のコミュニケーションを交わすことによって、Ｕに対するアプローチを実践しているが、経営学は人を集団として捉えることでＵに対するアプローチを逸しているのである。これが経営学の大きな盲点となっている。

●社員を会社の客体として扱うという過ち

第２の盲点として、経営学は会社を構成する90％以上の経営層でない一般社員を「客体」と見なすという過ちを犯しているということである。これは当然のこととして無意識の内に為されてきた。このように一般社員が客体として扱われる理由は、彼らは経営に関する権限を持たないからである。

しかし、彼らは経営についての決裁権を持たないものの、会社の目的や理念について考え、それを語り、それに基づいて行動することはできる。もしこれまで経営学の文献や書物が、経営陣やマネージャーだけでなく、一般の社員に向けて書かれていたならば、彼らを幾らかなりとも会社の方向性について関わるよう促すことができたのではないかと考える。

多くの会社では社員と会社との関係が以前より希薄になっていると感じられてならない。今、会社を自分のコミュニティと考える人々は少なくなっているのではないだろうか。いずれにしても、多くの人々の幸不幸に大きく影響を与える会社という組織を、そこに属する10%にも満たない僅かな経営層だけが十分な理解Uを持たずに舵取りしているとしたら、かなり不安定な状態と言えるのではないだろうか。

人は主体となってこそ活力を発揮できる。経営学がどれだけ「べき論」を論じても、それが人々のウォンツにならなければ、人々は活力を解き放つことはできない。人々を作用される客体として扱っている間は、彼らのUは十分に活かされることはないのである。

経営学者らは経営者に「社員をどうすべきか」と論じるだけでなく、直に社員に「どうすべきか」と論じるべきなのである。

第9章　真理を礎としたピラミッドを築く

人生で築くべきピラミッド

多くの人々が日々「幸せになりたい」と願って暮らしている。そして、小説を読むとき、ドラマや映画を観るとき、その物語がハッピーエンドで終わることを望んでいる。まさか自分自身の不幸を夢見て暮らしている人などいないことだろう。それほど「幸せになりたい」という気持ちは万民に共通したものなのである。

しかし、そのような幸せになりたいという気持ちは共通しているものの、人々が幸せになるために歩んでいる道は必ずしも共通したものではない。

ある人が語ったように「幸福とは築くことによりもたらされ、不幸は破壊によりもたらされる」。私たちが人生において幸福を得るには、価値ある安定的な何かを築く必要がある。

次の図を見てほしい。これは「真理を礎としたピラミッド」と私が呼んでいるものである。このピラミッドは私たちが人生で築くべき価値を表している。その名の通り、その礎となっているものは「真理」である。

このピラミッドは、私たちの「行動」が、真理に則った「価値観」と、その価値観に基づいて身に付けた「習慣・能力」の上に置かれているときに安定的に「成果」を生み出し

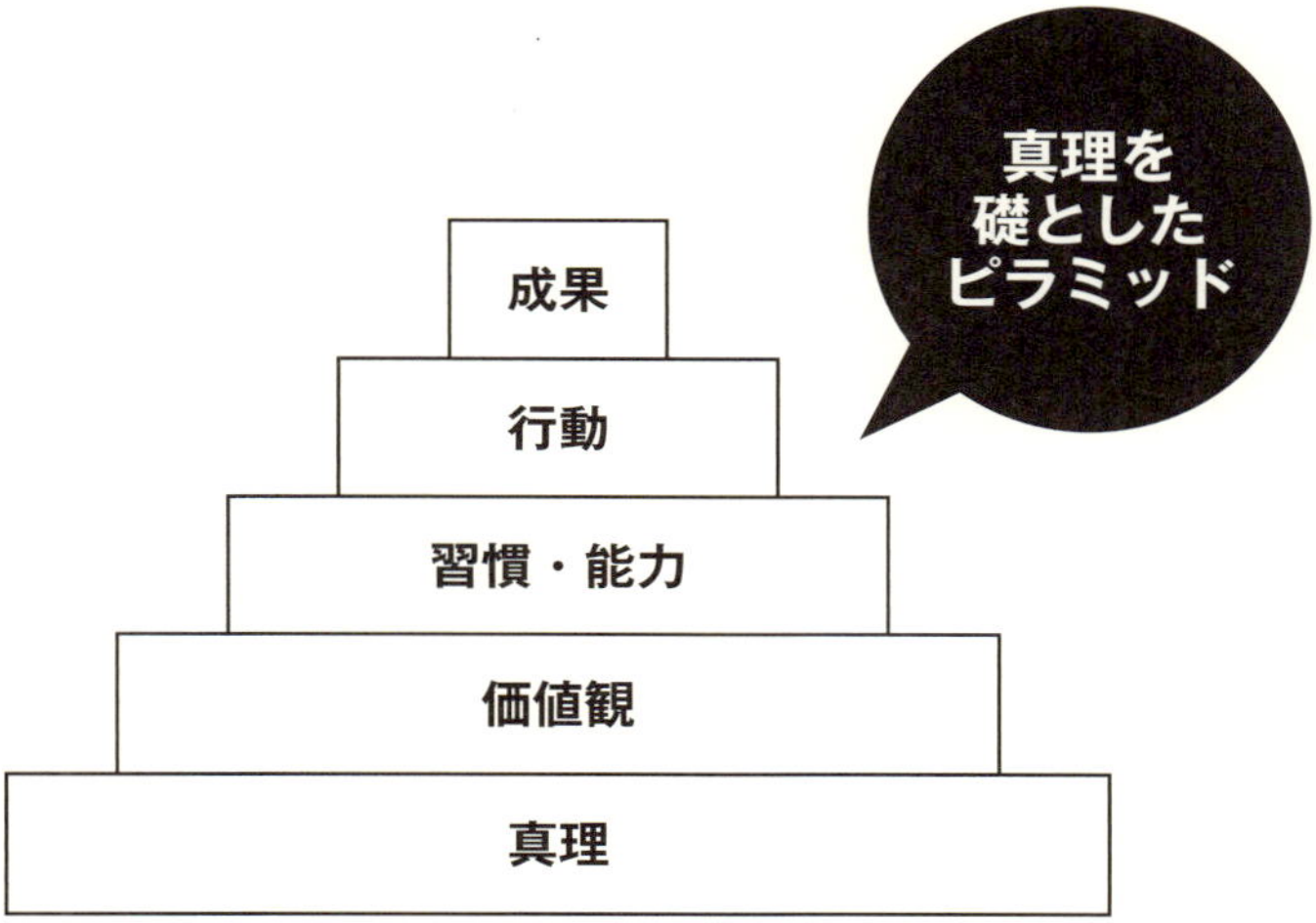

得ることを表している。

私たちは気まぐれに行動し、それがたまたま真理の上に載っていることで成果を得ることもあるが、それは偶発的なものであり、成果を継続的に生み出すものではない。そしてそれから得られる達成感や喜びも限定的なものである。

例えば、宝くじを買って、それがたまたま当たったとしても、それが二度三度続けて当たることはまずない。また、その賞金を手にしても、それはなんらその人の価値を表すものではなく、偶然の産物でしかない。

私たちが真理に沿って正しく行動し継続的に成果を得るには、真理に基づいた「価値観」と「習慣・能力」が不可欠なのである。

しかし、ある人は物事に対して反応的に行

動してしまい、安定的なピラミッドとは逆に不安定なピラミッドを築いてしまうことがある。

そのような人には行動の拠り所というものがなく、行動に一貫性がない。ある時は上司の命令に盲従し、ある時は会議の決定を漫然と受け入れる。行動の拠り所が存在しないため、他の誰かがその人に行動の指針を与えることになる。

しかし、他の人々が与える指針などというものは無責任なものが多く、熟慮されていないため、それに従ったとしてもほとんど成果は得られず空しい結果に終わってしまうことが多い。

これはあたかも飼い主が犬の目の前に骨をちらつかせて、その骨を遠くに放り投げては、その犬に骨を拾いに行かせるようなやり取りに似ている。骨を追いかける犬は、骨を無視して他の価値ある何かを探し求めようとする意思がないため、そのような飼い主とのやり取りに時間と労力を費やしてしまう。

このような主体性のない行動は、いつの間にかその人の習慣となり、極めて限定的な低い能力を固定化してしまう。そして、自身の行動・習慣・能力を正当化するような貧弱でぼんやりとした価値観を言い訳として持つようになるのである。

こういった人が築くピラミッドは真理を礎としたピラミッドとは逆であり、最初に「行

図Ａ

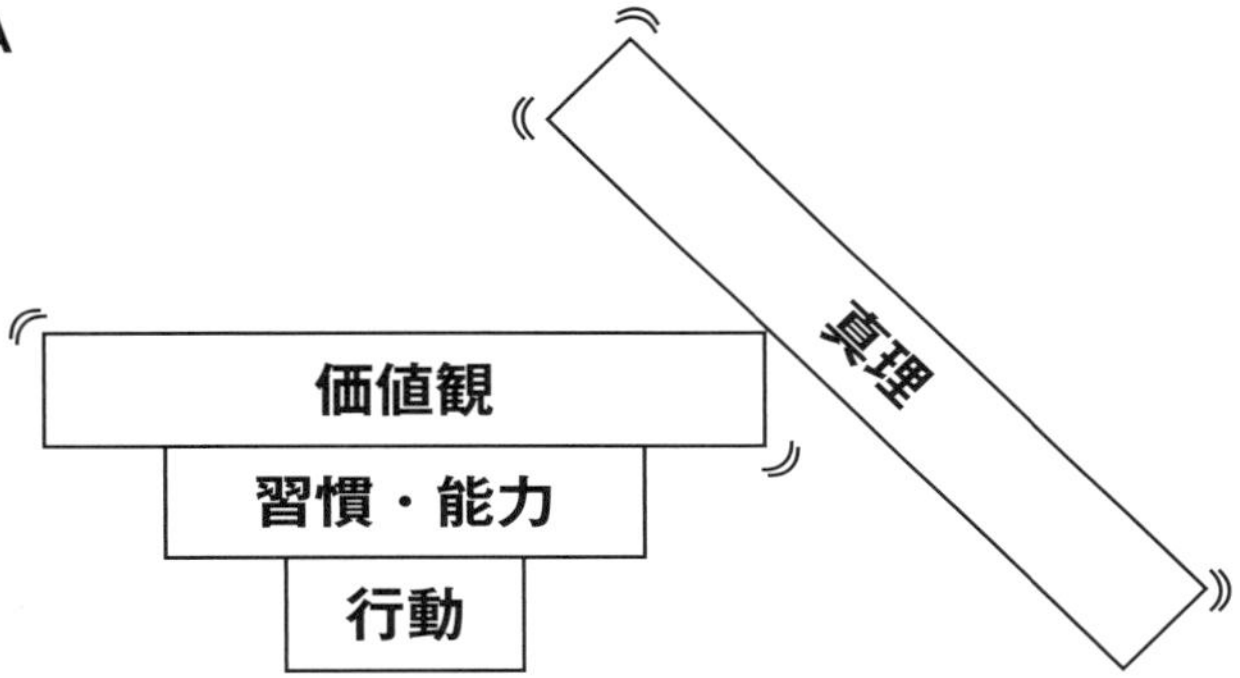

動」のブロックがでたらめに置かれ、そのような反応的な行動がパターン化して、「習慣・能力」のブロックとして、その「行動」のブロックの上に置かれる。更に、その人は自身の行動・習慣・能力を正当化するような言い訳を「価値観」のブロックとして「習慣・能力」のブロックの上に置くのである。

　すると、積み上げられたブロックは上の図にあるように逆ピラミッド型で不安定なものとなる。

　さらに「真理」という最も大きなブロックをその上に載せると、かなり際どい状態になる。

「行動」「習慣・能力」「価値観」のブロックについては好きな場所に置くことができるが、「真理」のブロックとなると人の思うような場所に置くことはできない。「真理」のブロックの置かれる場所が、これまでその人が築いた逆ピラミッドから大きくズレていれば、真理のブロックを載せた瞬間に逆ピラミッドはバランスを失い、音を立てて崩れることになる。

また、このような反応的な「行動」のブロックを基礎として積み重ねられた逆ピラミッドには、「成果」のブロックが載せられることがない。

よって、このようなピラミッドを築く人は成果を得ることがなく、成果から充足を得ることも、真理に従うことによって平安を得ることもないのである。

これまで「安定的なピラミッド」と「不安定な逆ピラミッド」という2つのピラミッドについて説明してきた。しかし、実際は全ての人々がこれら両極端のピラミッドのいずれかを築いているわけではなく、日々試行錯誤しながら「真理」のブロックを探し求めて、その上に成果を得られるように他のブロックを秩序正しく積み上げようとしているのである。

次に示す図Bは、そのようなピラミッドの一例である。この人は真理に基づいて正しい価値観を構築しようとしている最中であり、真理に対して若干ズレた価値観を持っている。そして、習慣・能力・行動となると価値観より、更に少しずれた状態にある。

人は完全ではないので、価値観・習慣・能力・行動において間違いや欠点がある。ピラミッドにおけるブロックのズレや偏りは、そのような人の欠けたところを表している。

人が間違いや欠点を持ちながらも成果を生み出せるのは、完全とは言わないまでも真理

図B

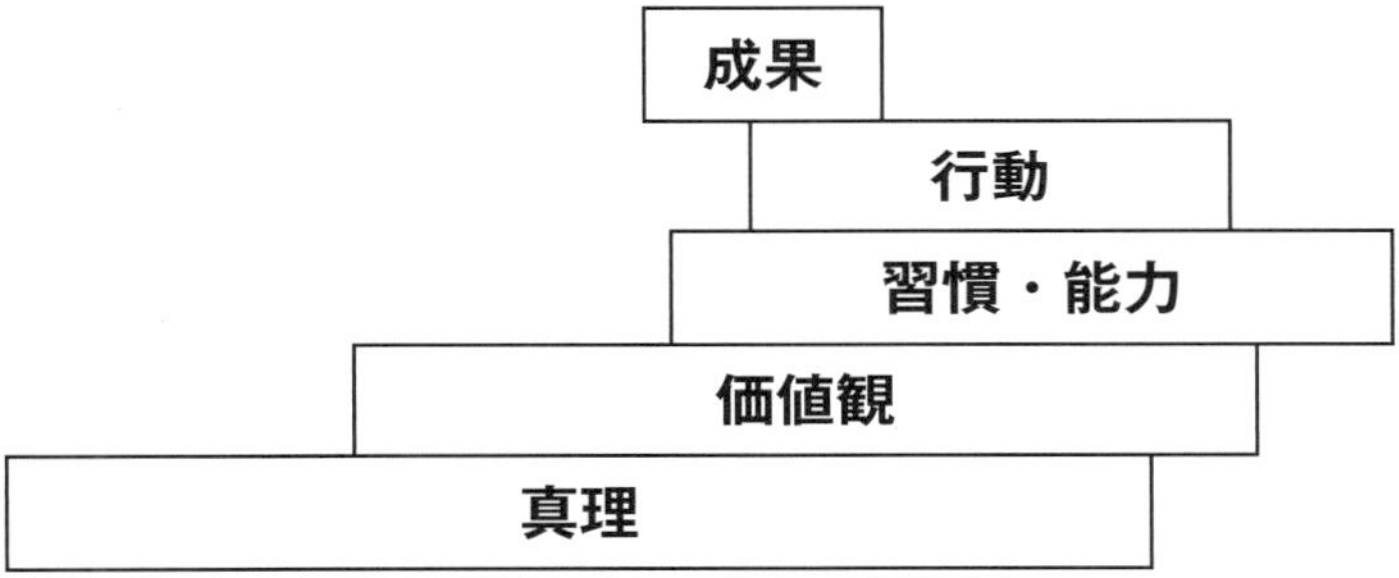

に部分的に従っており、「真理」のブロックの上に不安定ながらも「価値観」「習慣・能力」「行動」のブロックが積まれているおかげである。

しかし、このズレが大きくなるならば、ピラミッドは立ち行かなくなる。ピラミッドは「価値観」「習慣・能力」のブロックの大きなズレと偏りに加えて、極端に真理から外れた軽率な「行動」が引き金となってバランスを失い崩れてしまうのである。

「ままならぬもの」を理解する

「真理を礎としたピラミッド」について、それを構成する一つひとつのブロックを見てみると、いろいろなことを考え、理解することができる。

例えば「これら一つひとつブロックは私たちの意志によって変えることができるものなのか」という質問

をぶつけてみるとき、その答えは、次のように3つに分類できる。

1、変えられるもの……………………行動・習慣・能力・価値観
2、変えられないもの…………………真理
3、境遇に恵まれれば変えられるもの………成果

「1、変えられるもの」に該当するものは、「価値観」「習慣・能力」「行動」である。しかし、無意識の内に身に付いてしまった誤った「価値観」「習慣・能力」は、周りからの刺激に反応しているだけでは簡単に変えることができない。これらは自身で考え、決意して意識的に正しく考え行動するよう努めなければ変えられないものである。特に「習慣・能力」を変えるには大いに時間と労力を要する。

われわれは時々自身の「習慣・能力」をこれ以上変えられないものと考えて、これらを高める努力をあきらめてしまう。しかし「習慣・能力」は変えられないものではなくて、変えられるが変えることが困難なものなのである。

「2、変えられないもの」に該当するものは、「真理」である。「真理」は人の顔色を伺う

ことも、人の機嫌を取ることもない。真理の恩恵を受けたければ「真理」が自分に歩み寄って来るのを待つのではなく、自分から「真理」に歩み寄らなくてはならない。

「3、境遇に恵まれれば変えられるもの」に該当するものは、「成果」である。前にも述べたとおり「成果＝U×行動×境遇」であり、「成果」は人の「U」と「行動」と「境遇」が掛け合わされたものである。人の「行動」が多く為されても「境遇」に恵まれなければ「成果」は得られない。

これまで述べてきた「変えられるもの」「変えられないもの」「境遇に恵まれれば変えられるもの」について理解すると、いかに多くの人々が摂理に反した願望を日々抱いているか、また決定権を持ち得ない事柄について自分自身で全て決定し得るかのように思い違いをして、やきもきしているかということが分かる。

あまりに悪い境遇に置かれれば、真っ当に暮らしてきた善良な人であっても不当な悲劇に見舞われることもある。また罪の無い人が犯罪に巻き込まれたり、事故により大切なものを失うこともある。

しかし、これらも私たちが暮らす世界であり、現実なのである。「真理」や「成果」とい

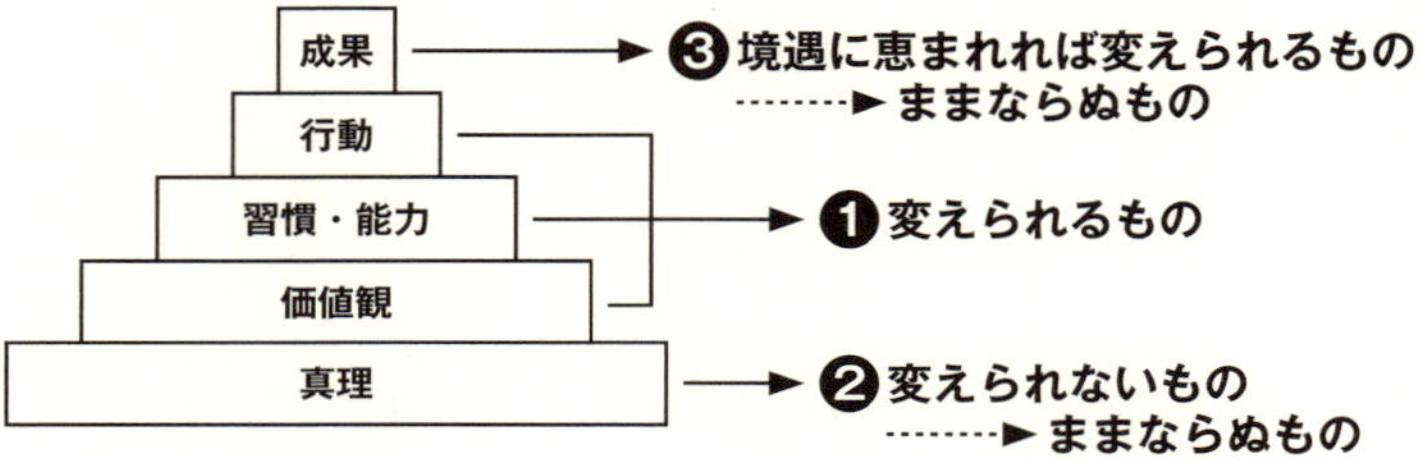

ったものは「ままならぬもの」なのである。

そのような中で私たちは自身の望む「成果」に固執することもできる。また「真理」を冷酷無比と罵ることもできる。しかし、そのような姿勢は私たちの平安を奪うものである。

私たちは「価値観」「習慣・能力」「行動」を「真理」に基づいて正しく積み上げることによって外的成果は得られなくても、心の平安を得ることができる。

私たちは人生を悲観的に捉えることもできるが、楽観的に捉えることもできる。物事をどのように考え、取り組むかは私たちの自由なのである。

私たちは試練に遭遇するときに「なぜこんなことが私に?」と嘆くこともできるが、「このことから私は何を学ぶことができるだろうか?」と自問することもできる。

私たちが高められたUによって物事を眺め「ままな

らぬもの」を理解し受け入れるならば、直面する「試練」は「痛み」ではなく「喜び」に変えることができる。

私たちは試練に直面するとき、試練自体が問題ではなく、私たちの理解（U）の不足に問題がある。私たちが試練に直面するとき、試練をどのように解釈するかが問われているのである。

Uが高ければ　↓　喜び（試練×U）　＞　痛み（試練÷U）

内的価値を重んじる

人々が日々さまざまな選択をするときには、同時に次のような価値に対する選択をしている。

それは、**「『外的価値』と『内的価値』のどちらに重きを置くべきか」という選択**である。

ここで言う「外的価値」とは「成果」のことであり、「内的価値」とは「真理」に根ざした「価値観」「習慣・能力」のことである。人々が行うさまざまな選択は、結果的に「外的価値」か「内的価値」か、のいずれかに重きが置かれたものとなっている。

現在、私たちは物質的に極めて豊かで、情報に溢れた社会に暮らしている。そのような中で多くの人々が、富や名声や地位といった外的価値を追い求めている。そして、それら外的価値のみが人生で得られる成功や幸福と思い込んで、癒されることない渇きを覚えている。

人々がそのような価値に重きを置いてしまうのは、それら外的な価値のほうが内的価値に比べ身体的な欲求を満たしてくれるものであり、目で見て評価しやすいため多くの人々の注目を集め、容易に自身のプライドを満してくれるものだからかもしれない。

しかし「成果」は前にも述べたように、人が完全にその決定権を持たないものであり、「境遇」により左右されるものである。よって、成果という外的価値に固執することは、自ずと心の平安を掻き乱すこととなる。

外的な成果による評価軸しか持たない人は、境遇の影響を受け安い人であると言える。そのような人は富や名声という外的な成果のみを自分の価値を計る物差しにするため、境遇が悪く外的な成果が得られないと、心は掻き乱され、落ち込み、平安を失うこととなる。

また一度、外的成果を手にしても、それらを保ち続けるには、それらを再び境遇の影響下に曝すこととなる。よって、外的な成果は安心と安定を人々にもたらすように思えても、

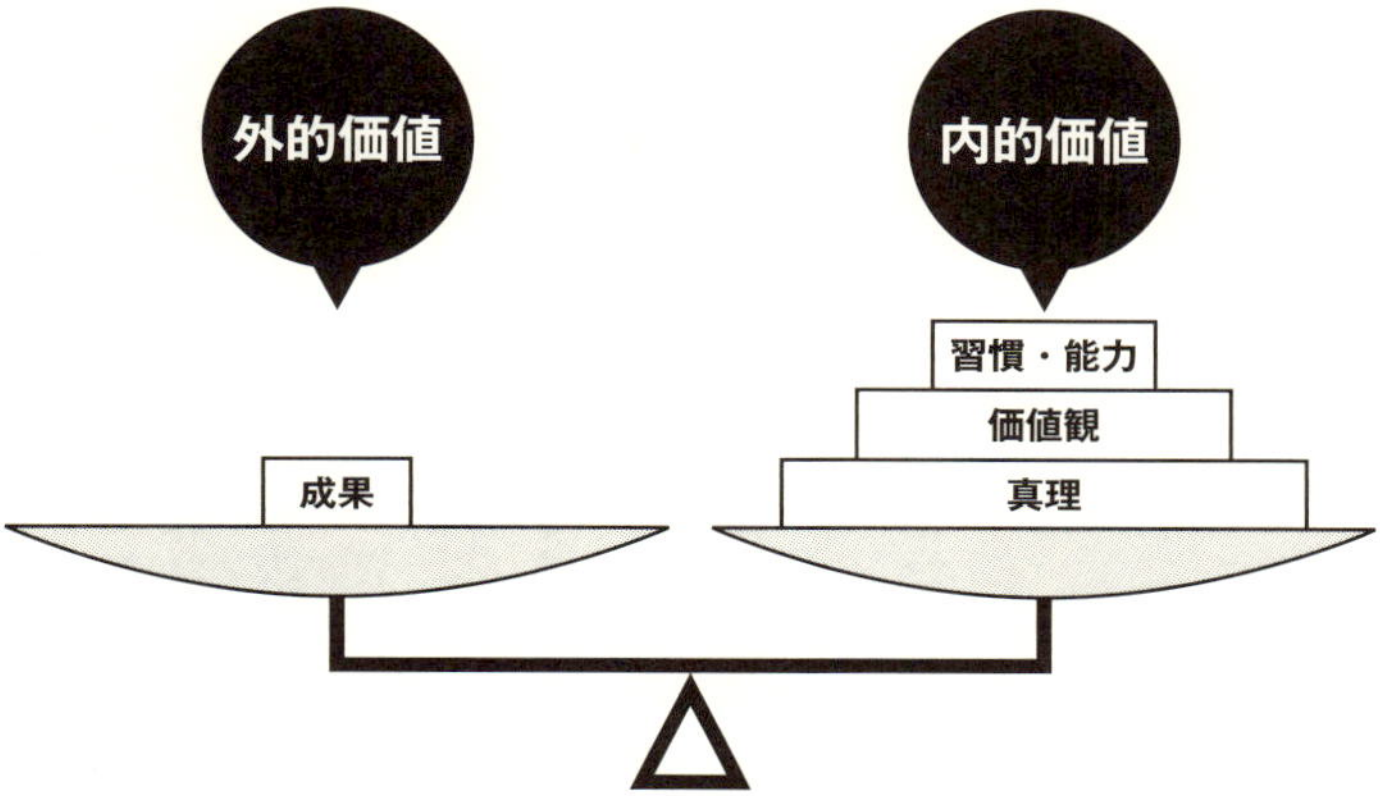

それは逆に境遇により左右されるため、人々の心に消し去りがたい恐れや不安を植え付けるのである。

そのような人は成果に固執するあまりに、これまで構築した自身の価値観・習慣・能力という内的価値を容易に投げ打って、自身が築いた価値観に反する行動を選択してしまうこともある。成果のために尊い価値観や習慣や心の能力を捨ててしまうのである。

そして成果を得るために選んだ行動が、習慣や能力としてその人の内で固定化し、それを正当化する歪な価値観を築くこととなる。これは明らかに不安定な逆ピラミッド構造である。

犯罪者にはこのような成果偏重による逆ピラミッド構造が多く見られる。

お金がほしいので強盗に入る。一度うまくいくとそれが習慣化してしまい、その手順も身について強盗の腕前も上がってくる。やがてその行為を正当化するために「おれは金持ちからお金を奪っているだけだ。何が悪い」という勝手な価値観を構築し始める。

一方「内的価値」に重きを置く人は、心の安定を保つことができる。なぜなら、外形的な成果物が境遇という外的要因により奪われることがあっても、内的価値はどんな境遇によっても直接奪われることは無いからである。悪人は善人を縛ってその財産を奪うことはできても、善人がその心を投げ出さない限り、徳という内なる財産を奪うことはできない。そして、その内的価値は年老いても失われることなく保たれる。

さらに言うならば、**外的価値は高い内的価値の副産物として与えられることはあるが、高い内的価値は外的価値の副産物として与えられることはない。**

つまり内的価値に重きを置く人々は、それを堅固に確立し、境遇が許せば外的価値をも継続的に生み出す高い可能性を有するのである。

内的価値は外的価値を生み出すことはあっても、外的価値は直接的に内的価値を生み出すことがない。内的価値を高めるものは、その人の「考え」「思い」「行動」の積み重ねである。

外的価値に固執することはその人に不安をもたらし、内的価値に重きを置くことは平安をもたらす。

物や情報が豊かに溢れ、私たちの意識を外へ外へと誘う世界で、私たちの内にある価値に気づくことは難しいことなのかもしれない。しかし、世界を所狭しと行き交うエグゼクティブであっても、時には立ち止まって、自分の内なる世界を見つめるならば、内なる世界が意外にも外の世界よりも広いことに気づくであろう。

会社の目的として掲げた「福利貢献」とは私たちに内的価値を選択することを示唆する。この目的を掲げるときに、私たちは自ずと「人々の幸福とは何だろうか」と自問することを避けられない。

それは人が自分の子供を授かった日に、幼い子供抱き、その子の幸せを願う気持ちとともに抱く疑問と似ている。「どうすれば、この子を幸せにすることができるのだろうか」。

一つ明らかなことは、世の中に出回る外的価値を確約するような誘いの中には、人々に真の平安をもたらすものは存在しないということである。それらは全て収穫逓減の法則による限界が生じ、時の流れとともに失われる外的価値を絶対的な価値であるかのように声高に宣伝している。

私たちに求められているのはまさに価値の転換なのである。

外的価値に固執することは、経済における搾取と独占というゼロサムゲームを助長することであり、貧富の格差を広げることであり、人と人との争いや国と国との戦争の火種をつくることに繋がる。

地上の資源に限りがある状況において、人々が外的な価値を貪欲に求め続けることは危険な状態を世に作り出すことになる。

一方、内的価値に向かうことは物的な富やさまざまな機会を分かち合うことを促す。富は目的ではなく、人々を幸福にするための手段となる。

真の幸福とは、他の人々の幸福のために努め、犠牲することによって得られる喜びである。また、隣人に対して分かち合い、伝播し続けることができる尽きることのない価値とは「隣人の幸福を願う気持ち」という内的価値なのである。このように価値あることは伝えられてこそ、また分かち合えてこそ価値がある。

「内的価値」とは本書で述べてきた「ファクターU」であり、「外的価値」とは「外形的成果物」であり「事物」である。私たちはこれらUと事物の価値を混同してはならない。

真理は私たちに微笑んでいるだろうか

これまでの論議でまだ語られていない大切なトピックスが残されている。それは、「真理は私たちに微笑んでいるだろうか」という点についてである。

本書では一貫して「真理」に依拠することの重要性を論じてきた。なぜならば、真理に反しては私たちの働きは何ら成果を生み出すことがないからである。ところがどうだろうか、「会社の目的」という大きな価値について論じたとき、真理として本書が導き出した答えは「福利貢献」という道徳的な結論であった。また、私たちが日々行動するときに良心という躾けられた感情を通して得られる答えも、利己的なものではなく、利他的なものである。

このような答えの実践は、確かに私たちに平安をもたらし、境遇に恵まれれば富や名誉などという副産物をもたらしてくれることだろう。しかし、そのときには犠牲が伴うことも事実である。それは究極的には私たちの生命をも犠牲として要求する可能性がある。

そのことは公民権運動の偉大な指導者マーティン・ルーサー・キングやインドの独立に尽くしたマハトマ・ガンディーらが、自身の信条と良心に従ったことで暗殺され命を落とした事実を思い起こすときに理解できるであろう。

そのような結果は道徳的な真理に従うことが、私たちを無残でみじめな結末に至らせるのではないかという誤解を与える。

しかし、真理はそのように無常で冷酷であろうか。

私たちは誰しもいずれは死を迎える。死という一点ほど、私たちに人間の平等さを感じさせるものはない。死に至る過程においては不平等感があったとしても、死という一点においては皆平等なのである。

死ほど私たちの価値観にインパクトを与える事実はない。死の足音は外的成果に重きを置く人々に対してその価値観に疑問符を投げかける。そして死の到来はそのような外的価値を跡形なく奪い去っていく。

私たちは真理を礎とした内的価値を外的価値に対して勝利させるためには、内的価値すなわちファクターUの永続性を信じるしかない。私たちはすでに死が外的価値を崩壊させるという事実を知っている。それならば私たちの幸福のためには内的価値しか残されていない。

私はここで宗教やスピリチュアルな世界について語ろうとしているわけではない。ただ現実論としてファクターUが永続しなければ、私たちは真の幸せについて語る意義を見い出せないのである。それだけではなく、私たちが日々行う善行や学習や修練も、死によってUが失われるならば犠牲を払って実践する十分な理由を持たないのである。

ファクターUが死後も存続することは、私の信条であると同時に、真の幸福を求める人々が現実的に心で見い出し得る答えなのである。

不安から平安へ（おわりの話）

かつて、４才の息子を流水プールに連れて行ったことがある。

そのとき、息子を浮き輪の上に乗せて、流れるプールに浮かべて上げた。彼は大喜びで、浮き輪の上に足と腕を投げ出して仰向けになり、船の船長にでもなった気分で浮き輪を押す私に「進め！」「曲がれ！」「早く！」と指示を出した。

私は小さな船長さんの命令する通りに浮き輪を押して上げた。父親にとってこのように子供がはしゃぐ姿を見ることは何よりも楽しいことである。

そのとき、ちょっとした考えが頭に浮かんだ。「もし、浮き輪を押しているはずの私が浮き輪から少し離れたらどうだろうか」。

私は浮き輪を押すのをやめて、浮き輪から少し離れてその後を着いて行くことにした。すると息子は自分の指示通りに船が動かないのを不思議に思い、こちらを振り向いた、すると浮き輪のすぐ後ろで押しているはずの私が３メートル程、浮き輪から離れているのに気づいて驚いた。息子は今までの船長気分とは打って変わって、「パパ！　パパ！　パパ！」と不安な気持ちを泣かんばかりに爆発させた。

私はこんなに息子が慌てるとは思っていなかったので、さっと水を一掻きして、浮き輪に近づき息子を安心させて上げた。息子は私が近づくと小さな手で私を何度も打った。本当に怖かったのである。

しかし、考えてみれば、それもそのはず、息子にとっては当然の反応であったように思われる。この流水プールは彼の足が底に着かないほど深く、彼は泳ぐことすらままならない4才の子供なのである。そんな彼にとっての頼りは父親である私と浮き輪だけなのだ。

彼にとってはこんなプールであっても、私なしでは安全とは言えない。私は息子に申し訳ないという気持ちを感じながら、ふと考えた。「私たち大人は、いつからこのような不安を感じなくなったのだろうか」。そして「私たちは何につかまって安心を得ているのだろうか」。

実のところ私たち大人も4才の息子と同じような境遇に置かれている。

私たちの暮らす地球は漆黒の宇宙に浮かんだ浮き輪のような存在である。地球の外に広がる無限の宇宙には生命を宿す環境や生命体の存在は未だに発見されていない。私たちもまさに足の着かないプールに浮かんでいるのである。

更に私たちは自身の力で生きているように考えているが、実際は私たちの身体は無意識の内に機能し、脳や心臓や肺そして消化器系などは生きる上で不可欠な働きを続けている。

そのような私たちは何かに支えられて生きているのである。私たちは未知の大海に何も分からずに浮かぶ心許ない存在なのである。

そのような私たちが不安を感じなくなったのはどうしてだろうか。私たちはいつからそのような不安から逃れる術を身につけたのだろうか。

私たちはいつからか、多くの事柄を忘却することを学んだ。さまざまな事実を意識の外に追いやる術を身に付けたのである。

しかし、そのような方法で「不安」を忘れることが真の「平安」だろうかと心に聞いてみる。いつか、私たちが意識の外に追いやった事実と向き合わなくてはいけないときが来る。そのときに忘れていた「不安」が私たちに圧し掛かることだろう。

「私たちは金銭や名誉と引き換えに私たちの魂を売ってはいけない」
「会社は人々の幸福への貢献を忘れるほど収益に固執してはいけない」

これは誰も否定することができない真理である。私たちは不安を忘れるだけでなく、自身に平安をもたらす簡潔な貴い真理にしっかり掴まるべきではないだろうか。ちょうど私の４才の息子が浮き輪に強く掴まったように。

おわりに

人々は日々さまざまなことを考えたり、語ったり、行なったりしているが、人生の根幹に関わることは意外と曖昧に済ませている。日々身につける服装や食べる物などについては拘泥するような人々も、自身の思考や言動の基礎となる価値観については注意を傾けないことが多い。

日常の会話においても、生活に関わる表面的な事柄については語るものの、心に抱いている価値観や信条について語り合うことはほとんどない。

それを語ることは、自分自身の内面の深いところをさらけ出すようで気恥ずかしく感じ、他の人々の内面に立ち入るようで気が引けているのである。そして、価値観について語ること自体をタブーであるかのように考えているのである。

価値観を取り扱うことに躊躇してしまう理由は、それが人の感情に深く結びついたものだからかもしれない。いかなる価値観も、それが能動的に築かれたものであろうと、受動的に築かれたものであろうと、何らかその人の感情と結びついている。それであるから価値観をテーブルに載せて論じることは、自分の心を危険に晒すことであるかのように考えてしまうのである。

また、自分の価値観を語ることが相手への価値観の押し付けとなり、人々の内面を侵害したり、社会における人々の多様性を損なうものになりはしないかと考えてしまうのである。


しかし、実のところ私たち一人ひとりはそれぞれ違う個性を持ちながらも、共通した自然の法則に従っている。それは曲げられない事実である。またよい国家は優れた法律を擁し、多くの国民が共通した一つの法律を遵守している。

そのようなことを考えると、真理に帰着した一つの価値観を共有し、共にその恩恵に与ることは何ら問題ではないのである。

これまで価値観や信条などの重要性は多くの人々によって語られてきた。しかし、その中身となると各人に任せられ、共通した真理を探究し共有しようとする取組については欠けていたように思われる。それはあたかも人々がプレゼントの箱については拘るものの、箱の中身については頓着しないかのような不思議な印象を受ける。

会社においても、経営者の哲学が会社の理念として一度打ち立てられるが、経営者の交代に伴いその理念が断ち切れてしまったり、全く別のものになってしまうことがある。しかし、真理に根ざした理念は継承し磨き上げられるべきものなのである。そしてそれらを保つべき場所は、社長室の壁に掛けられた額縁の中などではなく、会社に属する人々の心の中なのである。

それであるから、本書の前半では「目的志向」という会社における価値観の中身について述べ、後半では「ファクターU」という人々の内面における価値観の定着について述べた。

価値観を取り扱うのにナイーブな人がいる一方で、価値観を自ら意識して、それを明確化し、そこに存在する矛盾を摘み取りながらそれを完成させようと取り組んでいる人がいる。そのような人は価値観について深く考え、しばしばそれについて語り、それに基づいて行動することで価値観の真実性を検証し、それに対する信頼を深めているのである。

そのように見い出された価値観というものは、極めて簡潔で当たり前のものが多い。私たちが理解すべき価値観は複雑なものではない。世の中が複雑になり混沌を極めるときに、明確で簡潔な真理こそが求められる。

近年、会社に必要とされる能力として、ＩＱのみならずＥＱ（感情の能力）が論じられるようになった。ある人々はＥＱは評価手法や基準が明確でないなどと批判的であるが、会社や人々の成果の大部分がＥＱに依存していることは間違いないところである。

しかし、人々のＥＱやＩＱやＰＱ（身体的能力・技能）といった能力についての論議も、

●おわりに

それらを傾ける価値観という方向性についての論議が抜けて落ちていたら何ら価値が無いものとなる。むしろ、それらの能力について限定的に論じ何らかの結論を出すことは、大きな間違いを引き起こすことにもなりかねない。

感情による優れた表現力を用いて、多くの人々を先導したリーダーの中には、ヒットラーのように破壊的で悲劇的な結果をもたらしたリーダーもいる。これらの悲劇が引き起こされたのは、真理に基づいた価値観が欠落していたからに他ならない。

会社の目的哲学を中心に据えた価値観というものは、ころころ変えるべきものではない。また経営者などのリーダーやマネージャーだけが限定的に取り扱い、理解すべきものでもない。これは広く浸透させ、永く保持すべきものなのである。

そして、価値観を浸透させるときには、価値観に対する理知的な理解Uのみならず、感情的な理解Uを高めることが不可欠なのである。

今後、会社の価値観に関わる論議はさらに進められることであろう。それは価値観の重要性を述べるだけの論議から価値観の中身についての大胆な論議となること、また価値観を掲げるだけの取組から人々の心に浸透させる取組となることを願っている。

◆著者紹介◆

加藤 元（かとう・はじめ）

愛知県出身。信州大学工学部卒業後、大手自動車部品メーカーに勤務。

会社で働きながら、全ての会社に共通する価値観や可能性や問題についての思索を始める。

それを通して、現在の経営学や組織論は、会社の問題を解決し、活力を与えるに十分な答えを持っていないという結論に達する。

そしてみずから、会社に属する人々の動機付けと組織の活性化に関する理論を構築し、本書の執筆に至る。

目的志向
ファクターUがあなたと会社を変える

2011年4月5日　初版発行

著　者　加藤 元
発行者　野村直克
発行所　総合法令出版株式会社
〒107-0052　東京都港区赤坂1-9-15 日本自転車会館2号館7階
電話　03-3584-9821（代）
振替　00140-0-69059

印刷・製本　中央精版印刷株式会社

ISBN978-4-86280-248-4
総合法令出版ホームページ　http://www.horei.com/